Menus Faits historiques

des Villes

d'Eu & du Tréport

tirés des Archives municipales

par

Alcius LEDIEU

EU

Imprimerie R. ODIC, place du Président-Carnot

1910

Menus Faits historiques

des Villes

d'Eu & du Tréport

Menus Faits historiques

des Villes

d'Eu & du Tréport

tirés des Archives municipales

par

Alcius LEDIEU

EU
Imprimerie R. ODIC, place du Président-Carnot

—

1910

Habitué fidèle de l'agréable station balnéaire du Tréport, j'y viens volontiers à chaque saison estivale faire une cure d'air salin, si essentielle à ceux dont les occupations sédentaires nécessitent un repos réparateur.

Pendant mes séjours plus ou moins prolongés sur le littoral, je me sens souvent attiré vers la ville-sœur d'Eu, qui offre un charme tout différent pour ceux que ne retient pas constamment sur la plage cette éternelle agitée qu'est la mer. Eu a un aspect et des séductions d'un tout autre genre : elle a des airs de grande cité ; la propreté de ses rues quelque peu montueuses, l'élégance et le confort de ses habitations et la vaste étendue du parc dessiné par Le Nôtre qui avoisine le château sont autant d'attraits que l'on chercherait vainement dans des villes plus importantes ; ses rues paisibles, tranquilles et reposantes contrastent avec le bruit de la foule des baigneurs qui se pressent sur la plage voisine à certaines heures pour voir monter le flot ou assister au départ des barques, spectacles dont on ne se lasse jamais. Eu enfin est un petit centre intellectuel où je me suis créé des sympathies et où j'ai noué de solides amitiés.

Pour l'archéologue, rien de plus agréable à l'œil que la vue de l'église Notre-Dame ou de Saint-Laurent, bâtie à la fin du XIIe siècle, dont l'extérieur présente une suite régulière de contreforts et de fenêtres et tout un ensemble de pinacles gracieux, de balustres, de galeries, d'arceaux et de gargouilles délicatement sculptés. Un autre édifice remarquable, de proportions plus modestes, c'est la chapelle du collège, construite par les Jésuites dans le premier quart du XVIIe siècle ; elle renferme le mausolée de Henri de Guise, dit le Balafré, *— œuvre d'art admirable,— et celui de sa femme. Quant au château, qui fait face au portail de l'église, c'est une immense construction mesurant cent mètres de longueur édifiée au XVIe et au XVIIe siècle et remaniée et agrandie par le roi Louis-Philippe, qui affectionnait cette vaste demeure. Aujourd'hui, c'est son petit-fils, le comte* *d'Eu, fils aîné du duc de Nemours, né à Neuilly en 1842, qui fait sa résidence dans cette habitation princière. Marié, jeune encore, à la fille aînée de dom Pedro II, dernier empereur du Brésil, le comte d'Eu déploya de brillantes qualités militaires en mettant fin à la guerre engagée pendant cinq ans entre le Paraguay et les Etats de son beau-père : il détruisit l'armée de son adversaire. Le prince, revêtu de la plus haute dignité militaire brésilienne, n'avait alors que vingt-huit ans.*

Je ne pouvais demeurer indifférent au passé de ces deux villes normando-picardes, dont l'histoire est si riche en souvenirs. J'ai compulsé leurs archives, peu abondantes au Tréport, mais copieuses et remontant beaucoup plus haut à la ville d'Eu. J'en ai extrait quelques bribes recueillies au hasard de recherches faites sans prétention, simplement par délassement. C'est le résultat de ces petites découvertes, d'importance minime et sans aucun lien entre elles, que je livre à la publicité.

*Le Tréport, qui paraît occuper l'emplacement de l'*Ulterior Portus *dont parle César dans ses* Commentaires, *a toujours été habité par une population de pêcheurs et de marins ; au moyen âge, ses corsaires livrèrent une guerre sans merci* *aux ennemis de la France, les Anglais. L'histoire de cette bourgade se confond avec celle de l'abbaye de Saint-Michel, fondée en 1037 par Robert Ier, comte d'Eu. Un érudit tréportais consacre ses loisirs à retracer les annales du monastère bénédictin qui, durant plus de sept siècles, a donné la vie et le mouvement à la ville. Ce patriotique labeur fera honneur à son auteur.*

L'histoire d'Eu, pour laquelle les documents inédits sont nombreux, mais disséminés dans divers dépôts publics ou privés, mériterait de tenter une plume beaucoup plus experte que celle de Désiré Le Beuf. Cette ville, d'origine gallo-romaine, avait déjà acquis une certaine importance sous Charlemagne. Erigée en comté vers le milieu du dixième siècle par le duc de Normandie en faveur de son fils naturel, ce vaste domaine passa plus tard dans les maisons puissantes de Lusignan, d'Artois, de Clèves, de Guise, pour arriver enfin dans la maison royale de France. A toutes les époques, ses possesseurs aimaient à venir y séjourner.

Par son port sur la Bresle, à trois kilomètres du port du Tréport, le commerce d'Eu prit de bonne heure une très grande importance, et la concession d'une charte de commune au XIIe siècle augmenta la prospérité de la ville. Un monument de premier ordre pour l'histoire du tiers état d'Eu, c'est le Livre rouge *de l'échevinage, qui remonte au XIIIe siècle ; sa publication va en être faite prochainement par M. l'abbé Legris, ancien doyen d'Envermeu, qui, depuis plusieurs années, classe et dépouille les archives municipales de sa ville d'adoption ; nul n'était mieux préparé ni qualifié pour une aussi lourde entreprise. C'est à la complaisance de cet aimable érudit que j'ai pu prendre copie des sentences dont on trouvera plus loin l'analyse ; je tiens à l'en remercier sincèrement.*

J'ai trouvé aussi la plus grande obligeance chez M. Danne, secrétaire de la mairie d'Eu, et chez son confrère du Tréport, M. Pichard, de même que chez M. Onésime Pamiseux, le dévoué bibliothécaire et conservateur du musée du Tréport ; je leur adresse à tous l'expression de toute ma gratitude. Je remercie enfin le sympathique M. Roger Odic pour l'empressement qu'il a mis à la présente publication parue d'abord dans son journal.

Menus Faits historiques d'Eu & du Tréport

I. — Quelques Sentences échevinales

Les Archives municipales de la ville d'Eu renferment deux manuscrits in-folio sur parchemin, parfois désignés sous la dénomination de *Cartulaire municipal*, mais plus exactement appelés *Livre rouge ;* ils sont soigneusement gardés de nos jours dans le coffre-fort de la mairie.

Outre un certain nombre de chartes relatives à la commune, qui y furent transcrites à partir du xiiie siècle, on a aussi inséré dans ce recueil précieux les actes de la municipalité, les règlements de police, les sentences échevinales, le résultat des élections annuelles du maire et des échevins et les noms des officiers de la commune jusqu'au xviiie siècle ; la plus ancienne liste de ces magistrats date de 1272 ; c'est là que l'on peut saisir sur le vif la vie municipale de cette petite, mais active cité, à partir de la fin du XIIIe siècle.

Nous croyons savoir qu'un érudit normand, désormais fixé à Eu, se propose de publier, avec toute la science qui distingue ses travaux, le *Livre rouge* de cette ville, d'une valeur de premier ordre pour la vie économique et sociale au moyen âge.

Au début de son ouvrage de haute érudition, *les Communes françaises à l'époque des Capétiens directs* (Paris, 1890), feu Achille Luchaire déclare que, « si la science contemporaine a fait faire un progrès considérable à l'histoire du mouvement communal, c'est précisément parce qu'elle cherche moins à l'expliquer qu'à la connaître. Elle a compris qu'une théorie, si brillante et si ingénieuse qu'elle fût, sur l'origine de cette révolution, ne valait pas une monographie bien faite, consacrée simplement à retracer, dans le détail, l'organisation et les destinées d'une seule commune. » L'éditeur du *Livre rouge* d'Eu, en publiant ce manuscrit avec la sûreté de critique dont il a donné maintes preuves, « et dans cet esprit de sereine impartialité qui s'impose maintenant à l'historien », se fera honneur et rendra un réel service à la science actuelle.

Le tome Ier, qui se compose de 255 feuillets mesurant 300 millimètres sur 230, commence par une suite de la mairie de l'année 1271 et se termine avec l'année 1523; il porte encore sa reliure primitive consistant en plats de bois couverts de veau rouge devenu brun aujourd'hui.

Le tome II, qui contient 216 feuillets, est également pourvu de sa première reliure avec coins en cuivre ; il est de plus grandes dimensions, puisqu'il mesure 358 millimètres sur 255 ; il commence avec l'année 1523 et se termine en 1717 ; au verso du feuillet de garde a été peint un léopard en rouge, en raison de ce que le comte Jean avait donné au maire de la ville d'Eu pour armoiries un des léopards des princes normands ; ces armes étaient : *D'argent, au léopard de gueules*. La ville portait : *De sable, à l'aigle d'argent*.

Au recto du folio 2 du tome Ier du *Livre rouge* a été transcrite une traduction de la charte de commune de Saint-Quentin en Vermandois, qui devait servir de règle à celle d'Eu ; cette traduction, qui date du milieu du XIVe siècle, de 1340 environ, a été insérée après coup dans ce recueil.

La charte communale de Saint-Quentin, octroyée en 1102, était en latin ; l'original a disparu depuis longtemps des archives de cette ville, et l'on ne possède que la traduction ou mieux l'adaptation plus ou moins fidèle retrouvée dans le *Livre rouge* de la ville d'Eu.

Il y avait plus d'un demi-siècle que les Normands des villes et des bourgs étaient entrés en lutte contre leurs seigneurs pour en obtenir leur émancipation ; on en trouve un récit très instructif, mais insuffisamment étudié, dans l'*Histoire des Normands* de Guillaume de Jumièges. La ville d'Eu, qui avait acquis de très bonne heure une grande prospérité commerciale, la vit s'accroître considérablement après la conquête de l'Angleterre par le duc Guillaume le Bâtard ; elle se peupla dès lors de marchands, de commerçants et d'artisans qui ne tardèrent point à se garantir entre eux des libertés et des privilèges que dut respecter leur seigneur, Henri, comte d'Eu, mort moine à l'abbaye de Foucarmont en 1139 ; cette association commerciale, limitée d'abord aux marchands et aux artisans, n'était point la commune, mais elle la précéda ; elle fut, comme partout, « le noyau solide autour duquel se forma plus ou moins vite, quand fut venu le moment favorable, la fédération politique étendue à la ville entière. La *commune* ne fut donc, sur beaucoup de points, que le résultat de l'extension d'une association partielle déjà constituée, organisée et vivante. » (Ach. LUCHAIRE).

Il en devait être ainsi pour la ville d'Eu ; avant que de se soustraire pacifiquement à l'autorité seigneuriale, les bourgeois avaient dû se constituer en une agrégation particulière. Quand on connaîtra mieux l'histoire des corporations et des confréries variées à *l'infini*, surtout au XIIe siècle, bien des opinions seront modifiées. Luchaire, dont il faut toujours avoir l'ouvrage à la main lorsque l'on étudie cette question, dit fort judicieusement : « Une meilleure interprétation des textes connus et la découverte de documents nous réservent peut-être à cet égard plus d'une surprise. »

Après la mort du comte Henri d'Eu, son fils aîné, le comte Jean, reconnut et confirma les droits et privilèges qu'avait précédemment sanctionnés son père, et il ajouta même des libéralités nouvelles. Voulant doter sa ville d'institutions communales, il fit venir en 1151 de Saint-Quentin en Vermandois une copie de la charte de cette commune comme modèle. Celle qu'il signa pour les bourgeois d'Eu débute ainsi : « Jean, comte d'Eu, à ses barons, à ses chevaliers, à ses bourgeois et à tous ses autres sujets, salut et continuation de fidélité. Qu'il soit connu de tous, présents et à venir, riches et pauvres, que j'ai donné en perpétuel héritage aux bourgeois d'Eu une communauté conforme aux statuts de Saint-Quentin, sous la *réserve* de mon autorité et de mes droits. Je l'ai ainsi juré et appuyé de mon sceau afin que, dans la suite, mes héritiers ne pussent changer ce que, du consentement et de l'avis de mes amis et en leur présence, j'ai confirmé de l'autorité de mon sceau. »

La puissance de l'échevinage d'Eu ne fit que croître d'année en année ; il comprenait, en 1285, un *maïeur* ou maire, douze *échevins* ou conseillers municipaux, deux échevins du Tréport, un conseil composé de vingt-cinq membres, un *trésorier* ou *argentier* ou receveur municipal, un garde des clefs de la grande boîte aux vins et deux sergents de police.

Onze articles de la charte de commune, qui en comportait cinquante-trois, montrent la sévérité de la législation pénale envers les habitants, jurés ou non jurés. D'après les articles 13, 17, 27, 29, 30, 33, 40, 47, 48, 51 et 52, le moindre méfait, le plus infime délit entraînaient souvent une punition que l'on trouverait aujourd'hui, et avec raison, hors de proportion avec l'acte reproché au délinquant; suivant la remarque fort judicieuse de Luchaire : « Cette bourgeoisie communale, si ardente contre le seigneur, dans laquelle on saluait jadis l'adversaire de toute tyrannie, le champion résolu du droit populaire, apparaît maintenant comme une caste aristocratique, jalouse à l'excès de ses privilèges, impitoyable pour le menu peuple, qu'elle exclut des charges municipales, tout en l'écrasant d'impôts. »

L'échevinage d'Eu faisait abattre la maison de celui qui refusait d'oublier une vieille haine ; il en était de même pour celui qui avait frappé un juré ; après qu'on avait coupé le poing aux coupables, on les bannissait de la ville à toujours. Tout échevin qui recevait de l'argent des plaideurs voyait démolir sa maison, et il était relevé de ses fonctions et chassé de la mairie. Il était encore procédé à l'abatis de la maison de tout bourgeois qui avait nui à la commune, qui lui avait intenté un procès ou avait excité un bourgeois contre elle, puis il était banni de la ville. L'abatis de maison et le bannissement étaient encore appliqués en cas « d'effusion de sanc, pour bateüre ou pour autre blechüre ». On rasait aussi la maison de celui qui refusait de se soumettre au jugement des échevins ; le coupable était ensuite banni de la ville ; et, s'il faisait partie de l'échevinage, il était au préalable procédé à son exclusion à toujours des fonctions municipales.

Les peines prévues par la charte de commune de Saint-Quentin étaient appliquées par ses filiales, les chartes d'Eu, de Gamaches, d'Airaines, de Ham, de Chauny, de Roye, etc. La même pénalité était appliquée par l'échevinage d'Abbeville ; la charte de cette ville, filiale de celle d'Amiens, avait été adoptée dans tout le Ponthieu.

Dans les sentences échevinales que nous allons analyser, comme dans un grand nombre d'actes transcrits au *Livre rouge* d'Eu, il est souvent parlé des *jurés ;* à l'origine, ce terme s'est appliqué pendant longtemps aux hommes qui avaient prêté le serment communal, et il était synonyme de « citoyen » ou de « bourgeois » ; mais, par la suite, il ne désigna plus que les membres du corps de ville ou collège d'administrateurs.

Pendant une période d'un peu plus de deux siècles et demi, de 1271 à 1535, il a été prononcé par les magistrats municipaux d'Eu dix-sept jugements portant pour la plupart abatis de maison, bannissement et exclusion des fonctions échevinales. Ce sont ces sentences que nous allons traduire ou analyser.

Dans son ouvrage *La Ville d'Eu*, imprimé en 1844, Désiré Le Beuf cite souvent le *Livre rouge*, auquel il a fait de nombreux emprunts; mais, peu familier avec l'écriture de cette époque reculée, cet auteur a commis les plus étranges erreurs de lecture, où les contresens abondent; les extraits qu'il en a reproduits sont souvent incompréhensibles, tronqués ou inexacts, parfois ils sont en complète contradiction avec le texte; il est à souhaiter que cet ouvrage décousu, où les bévues ne manquent pas, soit refait avec la sûreté de critique de la science actuelle.

* * *

La plus ancienne sentence portant exclusion des fonctions municipales par les membres de l'échevinage d'Eu remonte à l'année 1272; le scribe qui a transcrit au *Livre rouge* le jugement rendu à cet'e occasion l'a accompagné de détails abondants, qui sont une révélation curieuse de l'idée que les municipalités se faisaient à cette époque du pouvoir communal.

Il s'agit d'un nommé Hue de Penlieu, qui devait être un fabricant de drap, car, dans une inscription précédente au *Livre rouge*, il est question du « pentoir » de Hue de Penlieu, situé dans le voisinage de celui de Jean d'Ault; or, le « pentoir » était un séchoir où l'on appendait les draps ou le linge.

Ayant à se plaindre de l'échevinage, cet homme grossier et violent se rendit un jour à l'hôtel de ville, où se trouvait Martin Bruiscane, qui remplaçait le maire, et lui dit qu'il le ferait sortir contre son gré de l'échevinage ; s'en prenant ensuite aux échevins qui se trouvaient là, il leur reprocha les dettes qu'ils avaient contractées envers la ville ; il voulut se jeter sur Bruiscane et le menaça de lui crever les yeux, ajoutant que, s'il se trouvait hors de la mairie, il le tuerait. Il fonça sur Jean d'Ault et lui arracha les cheveux, bien que ce dernier fût protégé par le maire, qui le suppliait, ainsi qu'un sergent, de lâcher prise. Tournant sa colère contre un échevin, nommé Hui le Rat, il l'appela fripon, voleur, en présence du maire et des autres échevins, ajoutant qu'il le ferait pendre comme son père avait été pendu. S'adressant ensuite aux inspecteurs des draps présents, qui avaient refusé de marquer ses draps parce qu'ils étaient mal confectionnés, il les accusa d'être parjures, de même, d'ailleurs, que le maire et les échevins.

A la suite de cette scène, il fut convoqué à l'échevinage pour s'entendre condamner à l'amende ; il renouvela ses insultes et accusa les maire et échevins d'être parjures ; il déclara qu'il ne paierait pas l'amende parce qu'il ne faisait point partie de la commune, attendu qu'il était clerc et croisé, c'est-à dire qu'il était sous la puissance du clergé et qu'il jouissait du droit que la croisade accordait à ceux qui servaient sous sa bannière. Il insulta en pleine séance et démentit Guillaume de Gamaches, échevin, qui lui avait dit être aussi bon qu'il pouvait être lui-même. Il se plaignit au maire du tort et du désagrément qu'il lui causait et lui reprocha de se conduire à son égard d'une façon qui lui était préjudiciable ; mais les échevins approuvèrent la conduite de leur maire, ajoutant qu'il faisait ce qu'il devait faire. Se trouvant chez le maire, il s'emporta jusqu'à appeler sa femme fille de femme adultère ; il alla même beaucoup plus loin : il lui dit en présence de son mari que, s'il se trouvait dehors en face d'elle, il la frapperait violemment sur le ventre. Enfin, ce grossier personnage, qui ne gardait aucune mesure dans ses expressions et qui, dans ses emportements d'homme mal élevé, s'était livré à des voies de fait, déclara en pleine audience devant le bailli du comte d'Eu et devant le bailli du roi que les jugements rendus par les échevins en dehors de l'échevinage étaient de nulle valeur. C'était la suprême injure, et il devait payer chèrement cette insulte faite à la constitution de la commune devant le représentant du pouvoir féodal et le représentant du pouvoir royal, tous deux opposés au pouvoir de la municipalité. En effet, le mardi avant Pâques de l'année 1272, tout le conseil étant réuni en assemblée, décida à l'unanimité que Hue de Penlieu ne serait jamais maire d'Eu, ni échevin, ni membre du conseil de la ville ; de plus, il fut ordonné que, chaque année, le nouveau maire, dès son entrée en fonctions, devra faire connaître cette sentence après qu'il aura reçu le serment des nouveaux échevins.

Pour les insultes proférées par Hue de Penlieu et même pour les voies de fait auxquelles il s'était livré, les membres de l'échevinage le frappèrent d'une amende; mais, pour sa rébellion contre les institutions communales, on lui infligea un châtiment bien autrement rigoureux ; c'est que, pour ces offenses, les magistrats municipaux se montraient implacables et appliquaient toujours les peines sévères édictées par la charte de commune : on l'excluait de la communauté et il lui était interdit de pouvoir remplir à l'avenir aucune charge municipale; à son nom demeurait attachée une flétrissure que le maïeur rappelait tous les ans le jour de Quasimodo à la prise de possession de sa charge.

*
* *

Sept ans plus tard, le mercredi précédant la mi-carême de l'an 1279, l'échevinage d'Eu fut appelé à statuer en assemblée sur les délits dont s'étaient rendus coupables deux de leurs concitoyens.

Les nommés Jean de Vimeu et Guillaume Lemontreur (Lesmontreor) avaient engagé un procès contre la ville, bien qu'ils fussent dans leur tort ; de plus, ils lui firent perdre cent livres tournois dans une somme de deniers qu'ils avaient été chargés de lui remettre. Le premier s'était rendu coupable de diffamation en présence de

Raymond Passemer, bailli d'Eu, en lui déclarant que la draperie d'Eu était « fausse et mauvaise ». Quant au second, il avait aggravé son cas en faisant usage de « fausses mesures à blé et à avoine ».

Le maire et les échevins décidèrent que les deux inculpés, reconnus coupables, ne pourraient jamais prétendre aux fonctions de maire, ni d'échevins, ni de membres du conseil de la ville d'Eu ; il fut aussi décidé que ce jugement serait rappelé tous les ans, le jour de Quasimodo, par le maire entrant en exercice lors de la prestation de serment des nouveaux échevins.

*
* *

Les membres de l'échevinage devaient être d'une honorabilité parfaite afin de pouvoir servir d'exemple à leurs concitoyens. Un échevin, nommé Watier Wastelier, ayant eu une discussion avec Guillaume de Montreuil, s'emporta et frappa son antagoniste. Cet acte fut bientôt connu de l'échevinage. Le vendredi après la Trinité de 1284, le maire, les échevins et le conseil de la ville se réunirent à la mairie pour statuer sur le cas de leur collègue. A l'unanimité,ils prononcèrent l'exclusion de Watier Wastelier des fonctions de maire, d'échevin et de membre du conseil de la ville d'Eu. Ce jugement devait être rappelé par le nouveau maïeur lors de son entrée en fonctions.

*
* *

« Le samedi devant la Purification Notre Dame Vierge, en l'an de grâce » 1288, suivant l'énoncé du jugement, l'échevinage prononça l'exclusion à toujours d'un ancien maïeur des charges municipales avec obligation à chaque nouveau maire de rappeler cette sentence tous les ans, le jour de Quasimodo ; elle s'appliquait à un personnage important de la ville d'Eu. Guillaume le Clerc, qui avait été maire en 1279, et qui remplissait encore les fonctions d'adjoint, fut condamné à cette peine infamante sur quatre chefs d'accusation, comme on dirait de nos jours.

A la suite de jugements rendus par l'échevinage, le Clerc avait été invité à remettre aux enfants d'Adam Lemontreur une somme de vingt livres ; de son côté, il prétendait que cette somme devait être versée par Gui de Beauvais, ancien maire, mais les magistrats municipaux donnèrent raison à ce dernier. Guillaume le Clerc fit appel de ce jugement par deux fois devant les vieux et les nouveaux échevins, comme la charte communale lui en donnait le droit ; à deux reprises, ses nouveaux juges lui donnèrent tort. Il demanda alors que sa cause fût portée devant l'échevinage de Saint-Quentin, ce qui lui fut accordé ; mais il se désista de sa demande et alla se plaindre partout du manque d'équité du jugement rendu par l'échevinage contre lui.

A ce premier grief, qui devait être invoqué contre lui plus tard, il en ajouta un second ; il fit appel du jugement de l'échevinage devant le bailli ; à la suite de cet appel, le maire et les échevins décidèrent que Guillaume le Clerc serait invité à se rendre devant eux à la maison de ville et que, s'il pouvait faire la preuve qu'il avait remboursé les vingt livres en question, il serait renvoyé « quitte et absous ». Au jour dit, le Clerc se présenta à l'échevinage et déclara que la preuve ne serait faite qu'en présence des officiers du comte d'Eu convoqués à la mairie. Cette prétention fut unanimement rejetée par le conseil, attendu qu'elle était contraire aux usages de la commune ; l'échevinage voulut bien consentir toutefois à ce que le sergent du comte fût autorisé à assister au jugement « pour savoir quel droit on ferait aux parties ». Par cette demande, Guillaume le Clerc « tenait en soupçon le maire, les échevins et tous ses juges, qu'il suspectait d'avoir mauvaisement gardé leur serment envers lui ».

Troisième grief reproché à Guillaume le Clerc. Le maire, pour ôter tout soupçon, ayant rappelé devant les échevins et le conseil les termes du jugement précédemment rendu contre le Clerc, demanda à chacun des membres présents si cette sentence était conforme à leur sentiment ; ils répondirent oui, à l'unanimité. Guillaume le Clerc, « pour faire dépit au maire, aux échevins et à tout le conseil », répondit qu'il en avait été jugé tout autrement devant le bailli du comte d'Eu.

En quatrième lieu, Guillaume le Clerc

était reconnu coupable de s'être efforcé de tout son pouvoir de porter préjudice à la ville, d'avoir manqué à ses devoirs de bourgeois, d'avoir « dédit » son maire, les échevins et tout le conseil, et d'avoir refusé de reconnaître comme bons les jugements qu'ils avaient rendus contre lui. Pour ces quatre cas, il fut délibéré que Guillaume le Clerc ne serait jamais plus ni maire, ni échevin, ni membre du conseil, et, chaque année, cette sentence serait rappelée par le maire à l'occasion de la prestation de serment des nouveaux échevins le jour de Quasimodo.

⁂

Le mercredi après la Saint-Mathias de l'an de grâce 1293, le maire, les échevins et le conseil procédèrent en assemblée à l'exclusion des offices de la ville de Simon Nicolas, de Pierre Mangnier et de Jean Bourgeois le jeune, tous trois gardes du métier de la boucherie, qui avaient accusé un innocent. Voici ce qui s'était passé. Un charcutier nommé Jean Ballehache avait exposé de la viande de porc à son étal, en face de la maison du fils de Jean Maunouri ; les trois gardes des bouchers nommés plus haut l'accusèrent de mettre en vente de la chair corrompue ; ils se saisirent du morceau de porc soi-disant gâté. Ballehache alla se plaindre de cette fausse accusation à Robert Dumesnil, alors maire de la ville d'Eu, et lui proposa de lui faire voir le second morceau de porc exposé à son étal, en tout point semblable à celui qui avait été saisi et qui provenait de la même bête. En homme prudent, le maire accepta cette proposition, qui lui parut juste ; il fit donc apporter à l'échevinage les deux morceaux de porc mis en vente par Ballehache ; en même temps, les gardes des bouchers furent invités à se rendre à la mairie. La chair fut examinée minutieusement et reconnue de bonne qualité et propre à être vendue « en tous bons lieux » ; on constata cependant quelques taches de ladrerie sur cette viande, mais la raison en fut vite découverte, car on trouva dans le panier où Jean Ballehache avait déposé sa viande un filet de porc qu'un malintentionné, « quel qu'il fût », avait jeté subrepticement ; ce filet provenait d'une bête atteinte de ladrerie. Le maire fit examiner ce morceau de porc par d'autres bouchers qu'il fit appeler ; ceux-ci déclarèrent qu'il ne provenait pas du même porc, mais qu'il avait dû être jeté dans le panier de leur confrère pour lui porter préjudice. A la suite de cette expertise, l'échevinage prononça la révocation des trois gardes de la boucherie sus-nommés et les remplaça par trois autres gardes. Il fut enfin décidé que « chascun maire » devra « ramentevoir » ce fait « en chascune mairie ».

La famille Balehache se perpétua à Eu pendant plusieurs siècles, puisque à la date du 12 juin 1466, l'échevinage d'Abbeville fut appelé à délibérer sur une requête de M. de Buleux au nom d'Hélène de Melun, comtesse d'Eu, femme de Charles d'Artois, en faveur de Lionnel Balehache, « officier et subget de mons. le conte de Eu, ad ce que volsissent quictier, moderer ou aterminer audict Lionnel une amende de XIIIJ l. », à laquelle il avait été condamné par les magistrats municipaux d'Abbeville pour avoir « navré à sanc courant et plaie ouverte » un nommé Guisebert Barbe, clerc. » (Alcius LEDIEU, *Inventaire sommaire des Archives municipales d'Abbeville*, p. 112.)

***

Sous la première mairie de Jean Triquet en 1305, il fut procédé, après sentence de l'échevinage, à l'abatis de deux maisons.

Pareille peine était également appliquée par les magistrats municipaux d'Abbeville ; on s'aperçut bientôt que cette mesure, peut-être trop libéralement pratiquée, enlaidissait la ville, car la population d'Abbeville était beaucoup plus importante que celle de la ville d'Eu ; on modéra dès lors cette pénalité et l'on se borna à enlever la porte, le seuil et les fenêtres de la maison dont l'abatis avait été prononcé.

Le dimanche après la Trinité de l'année 1305, il était procédé, à Eu, dans la rue Flamengeville, à la démolition de l'une des moins bonnes maisons appartenant à Eustache Tardiu, parce que ce dernier, précurseur de nos actuels fomenteurs de grèves, avait provoqué une sorte de sédition parmi les bateliers de la baie de Somme qui amenaient des vins à Eu.

*
* *

Le jeudi après la Saint-Pierre d'été de la même année, on abattait entièrement une maison sise à Mathomesnil, appartenant à Raoul de Paris, qui, en présence de Robert Dumesnil, remplaçant le maire, frappa du poing le sergent Pierre Prevost, « et lui fit sang. » Le coupable possédait à l'intérieur de la ville une maison de moindre valeur ; l'abbé d'Eu, l'abbé du Tréport, le bailli du comte d'Eu et plusieurs autres personnes notables intercédèrent en faveur d'Eustache auprès du maire et des échevins pour l'abatis de la maison la moins importante ; mais, en raison de la gravité de l'outrage, les juges demeurèrent inflexibles ; de plus, tout le conseil décida que le coupable ne ferait jamais partie de l'échevinage ni du conseil de la ville.

*
* *

Sous la seconde majorité du même Jean Triquet, « en l'an de grâce » 1308, le mardi après la Saint-Remi, tout le conseil, réuni en assemblée, prononça l'exclusion d'un citoyen d'Eu des fonctions municipales et raya son nom de la liste des bourgeois pour deux cas d'une certaine gravité. Dans son ouvrage sur *La ville d'Eu*, Désiré

Le Beuf a reproduit un fragment de cette sentence où fourmillent les fautes de lecture les plus grossières ; cet extrait est incompréhensible et ne saurait rien apprendre au lecteur, d'autant qu'il y trouve des mots qui n'ont jamais existé et dont la signification était inconnue assurément de Le Beuf lui-même.

Le délinquant, Jehan Poiletrine, — que D. Le Beuf appelle Jean Poitevin, — fut d'abord accusé d'avoir fait une fausse déclaration de ses biens pour l'imposition de la taille ; on conseilla au maire de faire une enquête à ce sujet ; c'est ce qui eut lieu. Poiletrine avoua qu'il avait prêté un faux serment en dissimulant certains objets de sa maison, qu'il considérait comme meubles d'aîné ; ces objets, d'une valeur de 64 l. 10 s., devinrent propriété de la ville en conformité d'un règlement municipal de 1297, porté au *Livre rouge*, d'après lequel celui qui aura des réclamations à présenter pour l'assiette de la taille à laquelle il sera imposé, pourra être entendu par l'échevinage ; après qu'il aura fait connaître par serment la valeur de ses biens, s'il est reconnu que sa déclaration est inférieure à la réalité, le surplus appartiendra à la ville.

Voulant se dédommager, Poiletrine dissimula une somme de 12 l. 5 s. pour la vente d'un tonneau de vin qu'il avait livré à un nommé Romain de Gohomare ; le dimanche précédant la mi-août, il alla trouver son débiteur et lui conseilla de répondre qu'il ne lui devait rien dans le cas où l'on viendrait l'interroger sur cette dette. Le jour même, Pierre Le Clerc, ancien maire, était envoyé, en effet, à Gohomare chez Romain, qui lui déclara ne rien devoir à Jean Poiletrine, parce qu'il appartenait au clergé. Jean Triquet, maire de la ville d'Eu, assigna Romain à comparaître devant le doyen pour faire sa déposition quant à la créance que Poiletrine avait sur lui. Romain avoua qu'il devait effectivement rembourser une somme d'argent à Poiletrine le 15 août prochain. Jean Triquet convoqua Romain à se présenter à l'échevinage d'Eu ; là, en présence du maire et de trois échevins, il déclara devoir encore 9 l. à son créancier ; il ajouta que Poiletrine était venu le dimanche précédent chez lui et l'avait invité à nier sa dette. Jean Poiletrine fut ensuite interrogé à ce sujet ; il jura sur les reliques qu'il n'avait pas été à Gohomare chez Romain. Ce reniement constituait un second délit à la charge de Poiletrine. Cependant, le maire de la ville d'Eu, qui voulait recueillir tous les témoignages possibles avant de rendre son jugement, envoya deux échevins à Gohomare pour s'assurer si Poiletrine s'était réellement rendu dans ce village. Les enquêteurs reçurent les dépositions de Romain, de sa femme et de deux habitants du lieu, qui affirmèrent que Poiletrine avait été vu à Gohomare.

Atteint et convaincu d'avoir fait un faux serment et de s'être parjuré, ce triste personnage fut exclu de toute fonction municipale et ses biens confisqués au profit de la ville.

*
* *

En 1315, sous la majorité du même Jean Triquet, l'échevinage rendit un jugement que D. Le Beuf a reproduit d'une façon aussi réjouissante qu'inexacte, suivant sa constante habitude.

Le maire chargea les sergents de l'échevinage de se procurer deux chevaux au compte de la ville pour le service de la commune. Les sergents se rendirent chez Lambert le Merchier et l'invitèrent à harnacher son cheval pour le prêter à la ville ; il leur répondit qu'ils ne l'auraient point et qu'ils pouvaient aller en chercher un autre ailleurs. Sur le champ, les sergents arrêtèrent Lambert le Merchier et l'invitèrent à ne pas envoyer son cheval au labour ; il n'en tint nul compte et fit conduire sa bête hors de la ville. Quand le cheval fut rentré, les sergents revinrent chez Lambert et allèrent harnacher l'animal dans son écurie ; la femme de Lambert étant accourue auprès des sergents, elle leur déclara que, s'ils emmenaient leur cheval, elle crierait au secours pour ameuter tout le quartier contre eux. Les sergents, par crainte d'une sédition, laissèrent l'animal et allèrent trouver le maire, à qui ils firent part du résultat négatif de leur mission.

Jean Triquet convoqua tout son conseil et lui fit connaître l'acte de désobéissance dont venait de se rendre coupable envers lui Lambert le Merchier. L'assemblée fut d'avis de faire comparaître ce dernier devant l'échevinage. Un sergent le somma de se rendre à l'hôtel de ville ; il y vint ; le maire l'invita à reconnaître son tort et à faire acte d'obéissance ; il s'y refusa. Triquet donna l'ordre au sergent Prevost d'engager le Merchier à obéir ; celui-ci répondit qu'il n'obéirait point ; Prevost réitéra sa sommation une seconde fois et une troisième fois ; Lambert s'entêta dans sa désobéissance et déclara en plein échevinage que, si les sergents avaient emmené son cheval et qu'il les eût rencontrés, il le leur aurait repris des mains. Il sortit de l'échevinage sans avoir voulu se soumettre aux ordres du maïeur.

Après son départ, le maire, les échevins et le conseil au grand complet délibérèrent de rayer Lambert le Merchier de la liste des bourgeois, de l'exclure à toujours et sans appel des fonctions de maire, d'échevin et de membre du conseil, et que sa maison serait abattue dès qu'il ne serait plus en l'office du roi.

Cependant, le maire tenta une dernière épreuve pour obtenir la soumission de cet entêté personnage ; il le fit convoquer à la maison de ville à trois jours consécutifs ; il ne vint pas le premier jour, mais il se présenta le lendemain. Jean Triquet l'invita une fois encore à reconnaître ses torts et à ne point aggraver son cas ; le Merchier refusa d'obéir, ajoutant qu'il préfèrerait avoir l'oreille coupée que de se soumettre ; il sortit aussitôt de l'échevinage ; il y revint le lendemain à la troisième et dernière journée ; il persista dans son entêtement. L'assemblée décida, dès qu'il fut sorti, que la sentence prononcée contre lui précédemment recevra sa pleine et entière exécution. Toutefois, Lambert le Merchier étant venu à résipiscence après réflexion, il lui fut fait grâce de l'abatis de sa maison, mais son exclusion de la mairie et sa radiation du nombre des bourgeois furent maintenus.

***

Sous le maïorat de Pierre Triquet, en 1344, Guiffroy le jeune, d'Ault, qui avait frappé un bourgeois d'Eu, fut condamné à venir faire amende honorable nu-tête et nu-pieds en compagnie de douze hommes et à payer une amende de cent sous tournois ; il accomplit sa peine le dimanche précédant la fête de la Vierge de septembre.

***

Un autre batailleur, qui s'était aussi livré à des voies de fait, arrivait le même jour à l'échevinage après le départ du précédent ; comme il était entièrement vêtu, qu'il n'était pas accompagné de dix hommes et qu'il n'apportait point les cent sous d'amende, ainsi que le portait la sentence prononcée contre lui, il fut jeté dans un cachot, puis banni de la ville.

***

En 1349, deux particuliers étaient rayés de la liste des bourgeois et il leur était interdit d'être jamais appelés en témoignage parce qu'ils avaient fait une fausse déclaration ; le premier avait juré qu'il ne possédait pas plus de deux cents livres ; l'échevinage lui en fit faire la preuve, et l'on découvrit que le montant de son avoir dépassait de 65 livres le total qu'il avait déclaré ; le surplus fut acquis à la ville.

Le second possédait cent livres de plus que le total qu'il avait déclaré sous serment aux maires et aux échevins.

***

Dix ans plus tard, sous la mairie de Guillaume Jebin (Le Beuf a lu Lubin), un nommé Jeannin Legeret fut rayé de la communauté des bourgeois pour avoir battu « à sang et à plaie » Jean Delespine, membre du conseil de la ville, alors que ce dernier remplissait ses fonctions, car il est dit dans la sentence qu'il était occupé au « labeur de la ville ». Malgré la gravité du cas, le coupable fut frappé d'une peine beaucoup moins sévère qu'il ne l'aurait été un siècle plus tôt.

***

Le mercredi 8 juillet 1383, un sieur Huet Glanet fut accusé par le procureur du comte d'avoir vendu du pâté de truite avariée, impropre à la consommation, et voulut l'obliger à réparer le préjudice qu'il avait causé ; le marchand, prétendant que la truite employée était de bonne qualité, refusa de se soumettre aux prétentions du procureur ; ce dernier le fit comparaître le lendemain devant le vicomte du seigneur pour faire la preuve de ce qu'il avançait. Robert Dupré, vicomte d'Eu, se rendit à l'audience et, d'accord avec les juges, il fit renvoyer l'affaire au 14 juillet suivant devant le maire et les échevins de qui relevait la connaissance de ce délit ; il leur appartenait de lui donner telle suite qu'ils jugeraient à propos. Il est probable que l'affaire en demeura là, car il n'en est plus question dans le *Livre rouge*.

*
* *

Le jour de la Pentecôte de l'année 1394, sous la mairie de Geffroy Adam, le nommé Jean Legruier fut « bouté hors de la jurée », c'est-à-dire exclu de la communauté des bourgeois et sa maison fut abattue parce qu'il avait frappé Jean d'Aussenneville (d'Huchenneville ?), membre du conseil de la ville et ancien échevin d'Eu.

*
* *

Pendant un espace de quatre-vingts ans, l'échevinage d'Eu n'eut pas à prononcer de sentences d'exclusion pour manquement à son autorité ou pour toute autre cause entraînant cette pénalité. Les maires et les échevins, peut-être plus tolérants que leurs devanciers, étaient sans doute aussi moins susceptibles ; leurs administrés, devenus sages, avaient probablement fait preuve d'une plus grande soumission, à moins que ces deux causes réunies n'eussent concouru à la tranquillité de la cité durant ce laps de temps. Croyons-le pour l'honneur des Eudois du xve siècle.

Mais, en 1474, la municipalité eut à sévir contre les écarts de langage d'un bourgeois. A cette époque, troublée par la lutte engagée entre Louis XI et Charles le Téméraire, duc de Bourgogne, la Picardie et le comté d'Eu devinrent plus d'une fois le théâtre sanglant des deux camps ennemis.

Les esprits étaient montés et l'anarchie régnait à peu près dans toutes les villes, qui ouvraient leurs portes tantôt aux soldats du roi de France, tantôt à ceux du duc de Bourgogne, suivant que le parti de l'un ou de l'autre adversaire détenait le pouvoir.

Le comte d'Eu, Jean de Bourgogne, quoique cousin de Charles le Téméraire, servit la cause du roi de France ; aussi, quand le prince bourguignon reprit les hostilités en 1472, et qu'il se fût rejeté dans le Vimeu après son honteux échec devant Beauvais, il donna libre cours à son irritation en faisant incendier Oisemont, Airaines, Frucourt, Fresnes-Tilloloy, Doudelainville, Saint-Maxent, Limercourt, Gamaches, etc.; puis, ses troupes reçurent l'ordre de ravager le comté d'Eu; pour éviter d'être prise d'assaut, la ville d'Eu se rendit sans coup férir; elle n'en fut pas moins livrée aux flammes le 10 juillet.

Dans le même temps, la petite garnison de Saint-Valery sur Somme, que commandait Robinet du Quesnoy, apprenait l'approche de l'armée bourguignonne, qui mettait le feu aux blés et aux villages sur son passage. Ne se sentant pas en force pour soutenir un siège, — d'autant que les Valéricains n'auraient point voulu résister à la puissance du duc de Bourgogne, si l'on en croit la *Chronique* de Jean de Troyes, — le capitaine de Saint-Valery sortit de la place un jour du mois de juillet de grand matin. Baudin de Launoy, qui tenait garnison à Abbeville pour le duc de Bourgogne, fut prévenu de cette fuite précipitée ; il quitta aussitôt la capitale du Ponthieu avec les cent lances qu'il y commandait et prit la direction de Saint-Valery ; il entra sans obstacle dans cette ville et s'en rendit maître au nom du prince bourguignon ; il y installa ses hommes pour y tenir garnison et leur donna l'ordre de ne point molester les habitants. (*Chroniques* de PIERRE LE PRESTRE, abbé de Saint-Riquier. Bibl. d'Abbeville, ms. 94, et Alcius LEDIEU, *Sièges et prises de Saint-Valery*, pp. 77 et suiv., Abbeville, 1883.)

Au mois de juillet de l'année précédente, Saint-Valery s'était rendue de même aux Bourguignons « sans assault ni effusion de sang humain ». (*Compte des Argentiers* d'Abbeville, 1471-1472), mais, dès que le duc de Bourgogne eût eu le dos tourné, suivant l'expression de Commines, les Français reprirent cette ville.

A la fin du mois d'octobre 1472, des soldats français, que commandait Joachim Rouault, seigneur de Gamaches, venaient mettre le siège devant la ville d'Eu pour le compte de Louis XI ; la garnison bourguignonne se rendit par composition ; il fut stipulé que les chevaliers partiraient « chascun sur un petit courtaut, et tous les aultres Bourguignons, qui estoient bien cent et plus, s'en alèrent chascun un baston en leur main, et laissèrent tous leurs habillemens, biens et chevaux et si payèrent dix mille escus. » Dans le même temps, les Bourguignons qui tenaient garnison à Saint-Valery se rendirent dans les mêmes conditions, « et payèrent six mille escus. » (*Chroniques* de PIERRE LE PRESTRE.)

Après la cessation des hostilités, Jean de Bourgogne revint à Eu au mois de juin 1472 ; il lui fut fait, par la municipalité et les habitants, une réception grandiose, dont il se montra vivement touché. Les maire et échevins profitèrent de cette circonstance pour le prier de confirmer leurs droits et privilèges, ce à quoi il consentit volontiers.

Le comte d'Eu avait établi comme gouverneur de son comté et capitaine de la ville un de ses enfants naturels, Philippe, bâtard de Nevers, qui s'était fait la réputation d'un homme de haute sagesse et de grande vertu. Les fonctions de bailli d'Eu furent confiées à Raoul d'Ailly, chevalier, seigneur d'Airaines, et celles de vicomte d'Eu à Pierre Basin. Ces trois personnages ne tardèrent pas, en raison de leur office, à être appelés à juger, avec les maire et échevins de la ville, l'auteur d'un délit longuement raconté dans le *Livre rouge.*

Un nommé Simon Lenglart, dit Escaillet, bourgeois d'Eu, exerçant la profession de boucher, rue de la Boucherie, paroisse Notre-Dame, fut sommé de se rendre à l'échevinage le dimanche 14 août 1474 pour faire amende honorable de ce qu'il avait violé son serment de bourgeois en injuriant le maire et les échevins et en se moquant de la mairie. Robert le Roy, maire, avait convoqué à assister à cette sorte de cérémonie expiatoire les trois officiers du comte nommés plus haut, Pierre Pavye, procureur de la comté, Yslardin le Varlet, avocat, les échevins, les bourgeois et habitants de la ville, formant un ensemble de cent quarante à cent soixante « personnes et plus. »

On reprochait au délinquant d'avoir tenu des propos que je n'oserais rapporter s'ils n'étaient écrits en toutes lettres dans le registre officiel, que je reproduirai textuellement. Ce précurseur de Cambronne avait dit en propres termes à sire Robert le Roy, maire :

— Bren du maire et de la mairie et des échevins ; il y renuncheroit pour une choppine de vin.

Ce personnage, qui ne se distinguait point par une brillante éducation, prononça encore « plusieurs aultrez ordes (vilaines) parollez » que le scribe n'a pas osé reproduire et dont il fait connaître plus loin la raison.

Du contexte de la sentence échevinale rendue contre Lenglart, son acte s'explique sans s'excuser à l'occasion d'une saisie qu'avaient été opérer chez lui Baudet le Sueur et Cardin de Piémont, sergents de la mairie. Cet irascible boucher avait été condamné précédemment par l'échevinage à payer une amende de douze deniers pour un délit qui n'est pas spécifié. Un sergent fut d'abord chargé de recueillir les différentes amendes dont avaient été frappés plusieurs habitants de la ville; il se présenta chez Escaillet, qui refusa de payer la somme réclamée ; son mobilier fut saisi. Après cette opération, Lenglart eut la mauvaise pensée de soustraire certains objets saisis pour les dissimuler.

En raison de cet acte répréhensible alors comme aujourd'hui, et pour les mauvais propos qu'il avait tenus au maire, lequel avait dû lui faire des remontrances sur sa conduite blâmable, Lenglart fut, après enquête, sommé de se rendre à la mairie ; il y vint ; là, on l'adjura « par serment sollempnel à sur ce dire et depposer vérité. » Comme tout mauvais cas est niable, le délinquant affirma « qu'il n'avoit dit nulle injure ne fait quelque desrision desdits maire et eschevins ne de la mairie » ; pour le second délit dont il était accusé, il protesta n'avoir rien distrait des meubles saisis chez lui ; toutefois, il avoua qu'il avait peut-être dit « que, pour une choppine de vin, il renoncheroit à la mairie et aux drois d'icelle » ; il s'offrait, d'ailleurs, après enquête, à réparer par une amende les paroles injurieuses qui lui étaient reprochées si leur exactitude en était établie.

L'assemblée, faisant droit à la demande de l'inculpé, remit le prononcé de la sentence à huitaine pour « enparfondir (approfondir) et parfaire et aussy pour attaindre plus applain la vérité du cas. » Lenglart s'engagea à comparaître de nouveau pour entendre la sentence qui serait rendue contre lui.

Une enquête minutieuse fut ouverte, et, le dimanche 21 août suivant, le bâtard de Nevers, le bailli, le vicomte et le procureur de la comté d'Eu, le maire, les échevins, les bourgeois et « grant multitude de peuple » arrivaient à la maison de ville. Il fut donné connaissance à l'assemblée qu'après sérieuse information faite, neuf témoins dignes de foi déposèrent que Lenglart était coupable d'avoir fait un faux serment, qu'il avait réellement prononcé les injures « qui trop sont déshonnestes à réciter », qu'il avait tourné la mairie en dérision et, finalement, qu'il était atteint et convaincu d'avoir détourné une partie de son mobilier postérieurement à la saisie qui en avait été faite.

Les juges ne manquèrent point de faire observer dans leur sentence que les différents chefs d'accusation relevés contre Lenglart étaient « totallement contre son premier serment qu'il avoit fait quant il fu juré et rechupt bourgois de la dicte ville de Eu. »

« Pour quoy fu dit, pronunché, jugé et sentencié par la bouche de mondict sieur le viconte de Eu, pour et en nom et par la charge et ordonnance à luy de ce baillée, par mondict seigneur le bastard de Nevers et mon dict sire le maire de Eu, juges en celle partie », que Simon Lenglart serait banni de la ville et banlieue d'Eu, exclu pour toujours de l'échevinage et de la mairie, privé des privilèges de bourgeoisie et rayé du nombre des bourgeois. Pour la soustraction qu'il avait faite de certains objets mobiliers, il fut statué qu'il serait frappé d'une amende dont le montant devait être établi par « la tauxacion de justice. »

Le bannissement d'Escaillet avait été prononcé à la majorité des membres de l'assemblée, « par la plus grant et saine partie des assistens », suivant les termes de la sentence. Mais un personnage influent et justement considéré dans la ville intervint en faveur du condamné. Noble homme Robinet du Quesnoy, écuyer, capitaine de Saint-Valery, dont il a été parlé précédemment, sollicita un adoucissement à la peine infligée à son protégé ; le sieur du Quesnoy devait être écouté : il était neveu et principal héritier d'un ancien capitaine d'Eu, mort peu de temps auparavant, laissant dans la petite cité la mémoire d'un homme de bien ; c'était Robert du Quesnoy, chevalier, seigneur de Framezelles,

Thure et le Court de Frencq, en Boulonnais, d'où il était originaire ; il avait obtenu du duc de Bourgogne main-levée de ses terres, saisies en 1465 ; par son testament, reçu le 15 novembre 1475 par Ylardin le Varlet, écuyer, garde du scel du comté d'Eu, il avait demandé à être inhumé en l'église Saint-Laurent d'Eu ; il fit différents legs pour les âmes de ses père et mère, de Marguerite, sa femme, de Mariette, sa sœur ; il fit le partage de ses biens et laissa à Robinet du Quesnoy, son neveu, la seigneurie d'Oust et les fiefs qu'il avait achetés dans le Ponthieu ; à Pierre d'Honcourt, le fief de Caulincourt, à Oust ; à Lancelot d'Honcourt, 160 écus d'or ; à Jeannequin du Quesnoy, écuyer, son fils naturel, la seigneurie d'Offeu et 12 livres de rente, sa maison d'Eu et les deux meilleurs chevaux de son écurie ; et à Charlot, son petit-fils bâtard, les seigneuries du Bosc-Richard et de Platumart. (DE LE GORGUE-ROSNY, *Recherches généalogiques,...* IV, 93)

L'assemblée, ayant égard à la chaude recommandation du protecteur de Simon Lenglart, décida que, « pour ceste fois », le coupable ne sera point banni de la ville, mais, en considération de la modération dont il était l'objet, il devait être tenu de faire amende honorable dans les conditions suivantes. Le jour de la Notre-Dame de septembre « prochaine venant », à dix heures du matin, Escaillet devait se présenter nu-tête et nu-pieds, tenant à la main un cierge de cire d'une livre, à l'endroit précis où il avait tenu ses malencontreux propos ; en cet équipage, il devait « crier mercy à monseigneur le duc et ausdits maire et eschevins ». Cette parade accomplie, Simon Lenglart devait porter son cierge en la grande église d'Eu et le déposer devant la statue de la Vierge « et le lesser tant qu'il fust consommé et ars. »

Après que la sentence eût été rendue publiquement en la maison de ville dans les termes qui viennent d'être rapportés, les sergents de la mairie s'approchèrent du condamné, le prirent par les épaules et le chassèrent de l'échevinage.

Pour avoir tenu les propos qui lui valurent d'être si sévèrement condamné, le boucher d'Eu devait être alors en état d'ébriété, d'autant qu'il paraissait aimer beaucoup le jus de la treille, puisque, d'après ses propres expressions, il aurait cédé ses droits à la mairie « pour une chopine de vin. »

Dans son savant ouvrage *La Normandie*, p. 24 (Paris, Hachette, 1880), H. Baudrillart cite un traité de géographie du quinzième siècle dans lequel l'auteur dit que cette province récolte « grant foison de pommes et de poires, dont l'on fait le citre et le poiré, dont le peuple boit, pour ce qu'il n'y croist point de vin, *combien qu'il en vient assez par mer et par rivière de Saine*. » Et l'auteur dit plus loin en parlant des Normands : « *Ils sont grands beuveurs en leurs festiments, et grand chières* se *font par boire.* » Baudrillart fait observer à leur décharge que l'intempérance n'était pas un vice quotidien très répandu parmi eux ; elle « était un excès plus ou moins fréquent, dit-il, elle n'était pas une maladie invétérée. » Nous l'en croyons volontiers.

D'après un dicton populaire très répandu en Picardie, on disait :

— Pour retrouver leurs maîtres, les chiens normands regardent en haut.

C'était une allusion désobligeante pour rappeler qu'à l'époque où la pendaison était en usage, beaucoup de Normands méritaient d'être accrochés au gibet ; ils répondirent du tac au tac à leurs voisins :

— Pour retrouver leurs maîtres, rétorquèrent-ils, les chiens picards regardent en bas.

Cet adage rappelait l'intempérance coutumière des Picards, que l'on rencontrait couchés ivres-morts sur le sol.

*
* *

La dernière sentence portée au *Livre rouge* pour cause de rébellion fut prononcée en 1535. Le maire, Adrien Turpin, accompagné d'un échevin et de plusieurs bourgeois, se saisit d'un nommé Jean le Josne, tambour de François de Clèves, abbé commendataire du Tréport, lequel s'était caché dans un coffre au logis de Saint-Ouen ; cet individu, qui s'était attaqué aux gens du guet, fut condamné à être fustigé par trois lundis consécutifs, puis à être envoyé aux galères, ce qui eut lieu.

II. — Réception du duc de Penthièvre à Eu et au Tréport

(Septembre 1776)

Louis-Jean-Marie de Bourbon, duc de Penthièvre, né à Rambouillet le 16 novembre 1725, était fils unique de Louis-Alexandre de Bourbon, comte de Toulouse, fils légitimé de Louis XIV et de Mme de Montespan, et de Marie-Victoire-Sophie de Noailles, mariée en premières noces à Louis de Pardaillan, marquis de Gondrin.

Le duc de Penthièvre hérita le comté d'Eu de son cousin, Louis-Charles de Bourbon, comte d'Eu, décédé sans alliance en 1775 ; celui ci était le dernier fils du duc du Maine, autre fils légitimé de Louis XIV et de Mme de Montespan. C'est ainsi que M. de Penthièvre, alors âgé de cinquante ans, réunit dans ses mains tous les biens que Mlle de Montpensier — petite-fille de Henri IV — avait abandonnés de son vivant au duc du Maine, ainsi que tous les biens des autres enfants naturels de Louis XIV que ce dernier leur avait donnés. Après cet héritage, le nouveau comte d'Eu jouit d'un revenu annuel qui s'élevait à la somme respectable de cinq millions de francs.

Le comté d'Eu, qui avait appartenu aux Guise depuis 1570, était échu en 1654 à un enfant, Louis-Joseph de Lorraine, prince de Joinville, fils unique du duc de Joyeuse, tué au siège d'Arras. Le nouveau possesseur du domaine d'Eu devint par la suite la proie d'usuriers et de gens de chicane ;

sa terre fut grevée de deux millions de créances. Pour sauver le jeune prince d'une situation qui ne faisait que s'aggraver, ses tuteurs résolurent de mettre en vente le comté d'Eu. Mlle de Montpensier en fit l'acquisition le 20 août 1660 moyennant le prix principal de 2.550.000 livres ; l'adjudication avait eu lieu par décret du Parlement, mais le marché avait été conclu dès 1657. Quand il s'agit de régler les dettes du prince de Joinville, on s'aperçut qu'elles avaient fait la boule de neige ; de deux millions, elles avaient monté à 2.700.718 livres, de sorte que l'on se trouva en présence d'un déficit de plus de 150.000 livres.

Anne-Marie-Louise d'Orléans, duchesse de Montpensier, plus connue sous le nom de *la Grande Mademoiselle*, était la fille unique de Gaston d'Orléans, frère de Louis XIII, et de Marie de Bourbon, duchesse de Montpensier, sa première femme ; elle naquit à Paris le 29 mai 1627 ; sa mère mourut sept jours plus tard, laissant à sa fille unique un revenu annuel de 330.000 livres. Mlle de Montpensier se trouva être la plus riche héritière de l'Europe comme l'avait été sa mère avant elle.

Dans son excellent ouvrage *Louis XIV et la Grande Mademoiselle*, Arvède Barine, qui avait obtenu l'accès des archives du château d'Eu, rapporte que Mlle de Montpensier avait envoyé un de ses hommes d'affaires avec mission de lui rendre compte de l'état du comté qu'elle venait d'acheter ; d'après le rapport qu'il en fit et par d'autres papiers d'affaires, « le comté d'Eu tirait plus de la moitié de son revenu de sa forêt. » Cette forêt, qui existe encore, contenait de « dix à onze mille acres » (8.988 hectares), avait « huit à neuf lieues de long », et aurait dû être tout entière en « futaies de divers âges » ; mais les riverains avaient si bien travaillé, qu'on n'y aurait plus trouvé « une poutre ». Elle était maintenant tout entière en taillis, et souvent en mauvais taillis, à cause des bestiaux qui la « dégradaient ». Tout le pays avait contribué à cet extraordinaire escamotage d'une forêt de huit lieues. Une vingtaine de villages, plusieurs abbayes, des gentilshommes, des prêtres, de simples « particuliers », étaient venus, sous prétexte d'un « droit usager », prendre le bois comme s'il était à eux. Les gardes de la forêt en avaient fait autant, et leurs parents ou amis à leur suite. Les « officiers » du domaine avaient coupé à tort et à travers ce que le public voulait bien leur laisser, et, pour compléter la ruine des bois, chacun avait envoyé ses vaches ou ses porcs dans les jeunes tailles. L'agent de Mademoiselle concluait qu'il fallait absolument arrêter ce « pillage », sans quoi « l'on ne ferait jamais 50 000 livres de bois par chacun an ». Et il ajoutait que « si l'on mettait ordre à tout, le comté d'Eu redeviendrait une terre considérable et de grand revenu ».

Grâce à l'appui du roi, que la nouvelle

propriétaire avait sollicité, les déprédations dans la forêt furent sinon arrêtées, du moins fortement réprimées.

C'est le 24 août 1661 que Mlle de Montpensier prit possession officielle d'Eu. Les archives du château possèdent le récit de la réception qui lui fut faite en cette circonstance. « On lui avait ménagé une entrée comme elle les aimait, dit A. Barine, avec cortège, drapeaux, harangues, lanternes vénitiennes, salves de mousqueterie et de toute l'artillerie de la ville : douze pièces de canon et quarante boîtes sur les remparts, huit canons et quarante boîtes sur la terrasse du château. »

Exilée de la cour à quelque temps de là pour avoir refusé d'obéir à Louis XIV, qui voulait lui faire épouser le roi Alphonse VI de Portugal, Mlle de Montpensier fut envoyée en pénitence par son royal cousin, d'abord à Saint-Fargeau, puis au château d'Eu, où elle s'installa à la fin de l'automne de 1663 ; elle dit à ce sujet dans ses *Mémoires* : « Je vins ici résolue d'y passer mon hiver, sans en avoir aucun chagrin. » Elle regardait travailler ses ouvriers, se promenait beaucoup et devenait assidue aux offices. On venait la voir, bien que la situation du château d'Eu fût mélancolique et le vent de mer fût véritablement « farouche » aux environs. « Il y avait quantité de dames du pays, raisonnables, dit-elle ; force gens de qualité ; ma cour était grosse. Il vint des comédiens s'offrir, mais je n'étais plus d'humeur à cela ; je commençais à m'en rebuter. Je lisais, je travaillais ; les jours d'écrire emportaient du temps ; toutes ces choses le font passer insensiblement. » Pourtant, dans une lettre qu'elle adressait le 28 novembre 1663, en réponse à celle qu'elle avait reçue de Bussy-Rabutin, elle laissait percer l'ennui qu'elle éprouvait : « Que peut-on mander d'un désert comme celui-ci, écrivait-elle, les chemins étant impraticables pour les gens de lointaine contrée, comme vous pourriez dire vers Paris, et les vents étant tels dans les plaines par où il faut que les voisins viennent, qu'il n'y en a pas un qui ne redoute le nord-ouest, qui est fréquent en ce pays, comme une bête farouche ? »

Au printemps de l'année 1664, Mlle de Montpensier, qui s'ennuyait de plus en plus à Eu, écrivit au roi pour lui demander la cessation de son exil. Sa prière fut écoutée. Louis XIV autorisa sa pénitente à paraître à la cour, alors à Fontainebleau : la princesse y arriva dans la dernière quinzaine de juin. La paix était faite, une fois encore, avec le roi, qui borna sa vengeance à taquiner sa cousine pendant les quelques jours qu'elle passa auprès de lui.

L'une des préoccupations les plus constantes de Mlle de Montpensier, dès son âge le plus tendre, fut la grande affaire de son mariage ; pour l'honneur de sa maison, qu'elle plaçait au-dessus de tout, elle ne devait accepter qu'une tête couronnée :

elle devait être reine ou impératrice. Aussi, que de projets forma-t-elle jusqu'à un âge avancé, sans qu'aucun d'eux n'aboutît !

Au mois de décembre 1670, on apprenait la stupéfiante nouvelle du mariage de la petite-fille de Henri IV, alors âgée de quarante-trois ans, avec un simple gentilhomme, le comte de Lauzun, de six ans moins âgé qu'elle ; le 16 du même mois, elle faisait don à ce dernier du comté d'Eu, qui était la première pairie de France, et les futurs convenaient entre eux de se marier dès le lendemain. Mais, cédant aux remontrances qui lui furent faites, Louis XIV s'opposa à cette union disproportionnée, et le mariage fut rompu.

Cette rupture était due surtout à l'intervention de Mme de Montespan, qui avait une idée de derrière la tête et qu'elle parvint à réaliser plus tard. Lauzun lui voua une haine furieuse. La favorite du roi fit entendre à ce dernier qu'elle ne se croirait en sûreté que le jour où son ennemi serait arrêté; c'est ce qui eut lieu le 25 novembre 1671 : Lauzun était envoyé en captivité au donjon de Pignerol ; il devait y demeurer jusqu'au 22 avril 1681. C'est à un véritable marché qu'il dut sa liberté.

Pendant la détention de Lauzun, Mlle de Montpensier donna les marques d'une constance et d'une fidélité à toute épreuve envers celui dont elle avait voulu faire son mari; elle n'avait eu qu'une seule pensée : délivrer Lauzun. Par des manœuvres habiles, Mme de Montespan obtint que le duc du Maine, son fils légitimé, fût institué l'héritier de Mlle de Montpensier. Par donation entre vifs du 2 février 1681, elle signait l'abandon de tous ses biens au duc du Maine, avec entrée en jouissance après la mort de la donatrice.

C'est à cette condition que la princesse obtint la délivrance de Lauzun, mais Louis XIV s'opposa formellement au mariage de sa cousine avec ce gentilhomme, bien que ce dernier, pour complaire à Mme de Montespan, eût signé un acte de renonciation aux dons qui lui avaient été faits par Mlle de Montpensier. Les deux amants avaient été joués tous les deux dans cette affaire, qui fut odieuse d'un bout à l'autre.

Le comte de Lauzun vint rejoindre la princesse au château d'Eu quelque temps après sa mise en liberté ; les rapports qu'ils avaient eus ensemble à Paris dès son retour manquèrent de cordialité ; le charme était rompu pour toujours ; ils se disputèrent, et, à Eu, Mlle de Montpensier *battit Lauzun, le griffa et le mit à la porte* pour le punir d'avoir « pourchassé les filles des environs sous les yeux » de sa bienfaitrice. La rupture entre eux fut définitive au mois d'avril 1684. A partir de cette époque jusqu'à sa mort, qui devait arriver neuf ans plus tard, Mademoiselle se livra aux pratiques d'une grande dévotion, s'occupa d'œuvres de bienfaisance, créa des établissements de charité et d'instruction à Eu, au Tréport et en différents endroits de son comté ; la bibliothèque d'Abbeville possède plusieurs volumes reliés aux armes de cette princesse et donnés par elle pour être décernés en prix aux élèves les plus méritants du collège de la ville d'Eu.

« A force de rêver à ses peines, dit Arvède Barine, Mademoiselle comprit cette vérité banale que le bonheur n'est pas fait pour les grands de la terre. Sans l'avoir consolée, cette découverte lui avait apporté un certain apaisement. Elle avait alors pour voisine de campagne en Normandie une jeune et charmante femme, appelée la comtesse de Bayard, qui fut, au siècle suivant, la marraine de Bernardin de Saint-Pierre, et qui lui racontait des histoires. Bernardin les a racontées à son tour en les traduisant dans son langage sentimental, et il s'en trouve sur la Grande Mademoiselle. Mme de Bayard se plaisait à rappeler comment, dans leurs promenades solitaires, elle s'arrêtait à faire conter aux villageoises leurs amours et leur mariage ; comment ses yeux se remplissaient alors de larmes, et comment, rentrée dans son château d'Eu, elle disait qu'elle aurait été plus heureuse dans une cabane. Aux pleurs succédaient des enfantillages ; l'exécrable vie de cour lui avait donné une vieillesse puérile, et elle se précipitait à Versailles pour ne pas manquer un carrousel ou quelque spectacle du même genre. »

Le 15 mars 1693, elle se trouvait à Paris; elle y fut prise d'une maladie de vessie qui présenta tout de suite une gravité telle qu'elle mourait le 5 avril suivant ; elle reçut sa sépulture à Saint-Denis, où des funérailles somptueuses lui furent faites.

Le mariage secret de Mlle de Montpensier avec Lauzun, auquel ont cru à peu près tous leurs contemporains, a été démenti par bon nombre d'historiens. L'absence de preuves écrites rend ce problème insoluble. Les opinions diffèrent sur la date de ce soi-disant mariage secret ; les uns le fixent à une date très rapprochée de la rupture officielle du mois de décembre 1670, tandis que les autres le reportent à l'année 1682, après la captivité de Lauzun.

Dans son ouvrage *Louis XIV, sa Cour et le Régent*, Anquetil rapporte qu'il a vu au Tréport, en 1744, une septuagénaire qui recevait une pension lui permettant de subvenir à ses besoins, mais dont elle ignorait l'origine ; cette particularité et la ressemblance de la vieille Tréportaise avec les portraits de Mlle de Montpensier la faisaient considérer par ses compatriotes comme étant la fille de la princesse, — ce que pensait l'intéressée elle-même. Ici encore, on ne possède aucune preuve écrite, et nous nous trouvons à une date trop éloignée pour espérer pouvoir découvrir cette preuve. Maintes fois, on relève la signature de la princesse comme marraine au baptême des enfants de ses sujets d'Eu et du Tréport ; ses filleuls avaient toujours part à ses libéralités, qui étaient grandes ; elle a pu se montrer plus généreuse envers l'enfant qu'elle avait tenue sur les fonts baptismaux, en raison de quelques traits de ressemblance qu'elle pouvait avoir avec elle ; il n'en faut pas toujours autant pour créer une légende.

On nous excusera de nous être un peu trop étendu sur la principale bienfaitrice d'Eu et du Tréport, où sa mémoire fut pendant très longtemps en haute vénération pour les nombreuses marques de bienfaisance qu'elle y a laissées. Il nous faut maintenant revenir au duc de Penthièvre. Tout jeune encore, ce prince avait été nommé grand amiral de France et gouverneur de Bretagne, où se trouvait son duché. Marié à Marie-Thérèse-Félicité d'Este et de Bourbon, princesse de Modène, le 29 décembre 1747, il en eut sept enfants, quatre fils et trois filles ; il perdit successivement les cinq aînés, et la naissance de sa dernière fille, morte en venant au monde, coûta la vie à la duchesse de Penthièvre, décédée le 30 avril 1754, à vingt-sept ans ; trois de ses fils étaient morts en bas âge ; le quatrième, le prince de Lamballe, né en 1747, épousa en 1767 la princesse Marie-Thérèse-Louise de Savoie-Carignan ; moins de dix-huit mois plus tard, il mourait sans laisser de postérité. L'unique fille qui restât au duc de Penthièvre, Louise-Marie-Adélaïde, épousa le 15 avril 1769 Louis-Joseph, duc de Chartres, devenu ensuite duc d'Orléans, père du roi Louis-Philippe.

C'est au mois de septembre 1776 que le nouveau possesseur du comté d'Eu vint visiter son domaine pour la première fois. Son arrivée fut annoncée longtemps à l'avance, car, dès le 30 juin, une assemblée tenue à l'hôtel de ville d'Eu s'occupait des mesures à prendre pour rendre au duc de Penthièvre, en cette circonstance, « les honneurs qui lui sont dus comme *prince du sang* et seigneur de la ville ». Sa venue étant « certaine et prochaine », l'assemblée autorisa le maire et les échevins à faire ce qu'ils jugeront à propos pour une Altesse « qui mérite tout l'amour et le respect de ses citoyens ».

Sous l'ancien régime, c'était toujours un gros événement qu'une entrée royale ou princière dans une ville, et, pour cette question capitale, les municipalités s'ingéniaient à élaborer un programme de réjouissances et de présents qui étaient parfois une lourde charge pour les finances de la ville.

Après qu'ils eurent confié au maire et aux échevins le soin de préparer la réception à faire au duc de Penthièvre, les membres de l'assemblée, réunie le 30 juin, se bornèrent à tracer les grandes lignes du programme ; ils exprimèrent le désir que l'on fit venir de Saint-Valery-sur-Somme du canon et la poudre nécessaire; ils demandèrent aussi qu'une brillante illumination fût faite sur la place principale aux frais de la caisse municipale.

Le 11 août suivant, il était tenu une nouvelle séance pour le même objet. On y annonça que le prince arriverait incessamment et qu'il descendrait chez M. Estancelin, lieutenant général de ses eaux et forêts ; ce dernier, qui était présent à la réunion, « a dit qu'il croyait, pour rendre l'accès de sa maison plus propre et plus facile, qu'il conviendrait que la ville fît la dépense de faire mettre en grands pavés toute la partie de petits pavés depuis la porte d'entrée jusqu'à la chaussée et dans la largeur qui se trouve comprise entre le ruisseau qui règne le long de sa maison. » Il fut fait droit à cette demande, reconnue juste.

Enfin, le mardi 4 septembre, une nouvelle délibération était prise par le corps municipal d'Eu, réglant les honneurs à rendre à Son Altesse Sérénissime : 1° Toute la bourgeoisie prendra les armes ; 2° un détachement de cinquante hommes choisis dans la jeunesse sera organisé pour servir d'escorte au prince ; 3° toute la bourgeoisie formera la haie des deux côtés depuis la maison de M. Estancelin jusqu'à la porte de Normandie ; 4° une batterie de quinze canons sera placée sur les glacis et derrière le corps de garde près de la porte de Normandie ; 5° il sera fait une salve des quinze canons au moment où le duc paraîtra au haut du mont d'Eu, et une deuxième et une troisième salve quand il sera descendu de sa voiture ; 6° les maire, échevins et conseillers de ville iront au devant de lui et le complimenteront en lui offrant les vins de ville hors de la porte de Normandie; 7° le comte de Lannoy, gouverneur d'Eu, s'est offert de se trouver au même endroit pour présenter au prince les clefs de ville [1] et le dais dans lequel le duc devait prendre place pour être porté par quatre notables de la ville; 8° le jour du départ du duc de Penthièvre, il sera salué comme à son arrivée.

De son côté, l'échevinage du Tréport, qui s'attendait aussi à recevoir le prince en cette circonstance, se tenait au courant des préparatifs faits à la ville d'Eu; le 1er septembre, il se réunissait en séance à l'hôtel de ville. L'arrivée de M. de Penthièvre à Eu avait été annoncée pour le 10 septembre; dans l'espoir qu'il saisirait cette occasion pour visiter le Tréport, le corps de ville tréportais s'occupa des mesures à prendre pour la réception qu'il conviendrait de lui faire. La modicité des ressources budgétaires de cette pauvre bourgade de pêcheurs ne permettait pas de faire une grosse dépense, mais il fut reconnu à l'unanimité que la réception qui serait faite au noble visiteur devait être digne de lui.

Les échevins décidèrent de prendre sur les fonds communaux la somme nécessaire pour couvrir les frais que nécessiterait l'arrivée du duc. Il fut délibéré que l'on

1. Ces clefs sont conservées depuis cette époque dans la famille Estancelin. (*La Ville d'Eu*, par D. Le Beuf, p. 471).

mettrait trente hommes sous les armes pour servir d'escorte à Son Altesse Sérénissime; on se procurera sept pièces de canon et l'on illuminera « décemment » la façade de l'hôtel de ville; enfin, on présentera au prince le vin de ville. Ce fut tout. Comme on le voit, les préparatifs étaient réduits à leur plus simple expression. En raison de la pauvreté de ses habitants et de ses faibles revenus commerciaux, le Tréport ne pouvait point avoir la prétention de rivaliser avec la ville d'Eu.

Le registre aux délibérations de l'échevinage du Tréport a gardé le souvenir de la première entrée du prince dans ce bourg. Arrivé à Eu le 10 septembre 1776 pour prendre possession de son comté d'Eu, il y recevait en audience dès le lendemain le corps municipal du Tréport, maire en tête, avec le clergé de cette ville. Dans un compliment de bienvenue, le chef de la municipalité tréportaise attira l'attention du grand amiral de France sur le mauvais état du port, qui rendait la pêche presque impossible, et réduisait à la misère toute une population intéressante de courageux matelots qui ne demandaient qu'à gagner leur vie et celle de leur famille. M. de Penthièvre lui répondit :

— Je verrai par moi-même la situation de votre port et de votre ville, et j'agirai suivant les circonstances.

Après ces paroles pleines d'espoir, le corps de ville tréportais se retira et vint apporter cette bonne nouvelle à ses administrés.

Le 13 septembre suivant, le grand amiral de France, comme on se plaisait à le désigner dans les cérémonies officielles, arrivait au Tréport vers quatre heures de l'après-midi. Le maire et les échevins, qui l'attendaient à la porte de la rue Suzanne, lui présentèrent les clefs de l'hôtel de ville et douze bouteilles de vin. « Après quoi, lit-on dans le registre aux délibérations, il est passé entre deux haies de bourgeois sous les armes et est monté à l'église pour faire ses dévotions, à l'entrée de laquelle il a été reçu par le sieur curé et son clergé, et ensuite il est descendu aux acclamations de tout le peuple et a témoigné beaucoup de satisfaction de la manière dont il était reçu. Il s'est transporté sur le bout de la jetée, a visité le port et s'est informé de tout ce qui était relatif à ces objets. Il nous a quittés en nous donnant les plus flatteuses espérances pour la réparation du port. Ce même soir, en signe de joie, il a été ordonné une illumination générale et allumé un feu pendant lequel les canons, qui avaient célébré par plusieurs décharges la présence de Mgr le Duc, réitérèrent plusieurs salves aux acclamations de tout le peuple... »

Les promesses faites par M. de Penthièvre furent tenues d'une manière tout à fait princière, ainsi qu'on le verra plus loin. En attendant, pour manifester sa satisfaction « des sentiments d'allégresse » qui lui ont été témoignés par la population tréportaise tout entière, il fit remettre une somme de 2.676 livres pour être ainsi distribuée : 1.200 livres aux matelots, 600 livres à la milice bourgeoise sous les armes, 480 livres à l'hôpital pour les pauvres, 240 livres aux pauvres de la ville et 156 livres à divers particuliers.

Les dépenses budgétaires du Tréport, qui ne furent que de 398 livres en 1775, s'élevèrent l'année suivante à 596 livres ; sur cette dernière somme, 170 l. 3 s. furent employés au paiement des frais occasionnés par la réception faite le 13 septembre 1776 au duc de Penthièvre.

Il sera curieux d'avoir sous les yeux l'état fourni à ce sujet par le receveur de la ville pour l'établissement des comptes communaux :

60 livres de poudre à canon à 1 livre	60l	
Payé à un exprès pour l'aller chercher avec un cheval	4	5s
12 bouteilles de vin de ville à 1 l. 4 s. la bouteille	14	8
Donné 3 l. aux canonniers de Saint-Valery, et payé au sieur Castelot, aubergiste, un dîner de 3 l. 7 s.	6	7
Donné aux canonniers du Tréport pour travail pendant deux jours à 4 pour 6 canons	17	
Payé à Thomas Saint-Aubain		
A reporter	102l	00s

Report....	102l	00s	
et autres pour avoir apporté et reporté à Eu les canons et les arquebuses..................	12	8	
Donné aux fifres et tambours d'Eu et du Tréport...........	6		
Pour raccommodage des chemins à une voiture, demi-jour, 8 hommes et 30 femmes pour l'arrivée de Mgr le duc de Penthièvre......................	21	6	
Pour un cent de lampions à Gaillard à 1 s................	5		
Pour fourniture de mèches, boissons, etc., chez M. Thorel, pour les canonniers..........	3	13	6d
Pour *idem* chez M. Duhamel pour le second feu...........	2	7	
Pour bois chez M. Delaloche pour le premier feu de joie...	4		
Pour bois, huile, loyer de cheval chez Nicolas Plouard fils au second feu de joie.....	8	11	6
Deux mains de papiers à gargousse chez M. Rabion........		8	
Pour boisson de voituriers et canonniers qui ont reporté les canons à la ville d'Eu chez M. Thorel..................	1	5	
Payé à 2 hommes qui ont écuré les vieux fusils déposés à l'hôtel de ville.............	2		
Pour l'ouverture de la porte			
A reporter.....	168l	19s	00d

Report	168l 19s 00d
pour faire passer les 30 matelots qui ont été voir le prince.	1 4
Payé à Nourrit, peintre, pour faire l'inscription à l'hôtel de ville et peindre les drapeaux à porter, et réparation et entretien de l'hôtel de ville........	Mémoire
TOTAL...	170l 3s

Après le départ du duc de Penthièvre, les membres de l'échevinage d'Eu se réunirent à l'hôtel de ville et prirent une délibération rédigée en un style ampoulé sur les mérites de leur nouveau seigneur dans le but de lui faire leur cour. « Pour témoigner à S. A. R. Monseigneur le duc de Penthièvre, amiral de France, comte d'Eu, lisons-nous, les sentiments d'amour, de vénération et de respect qu'inspirent sa grandeur d'âme, sa bonté généreuse et compatissante et ses vertus qui ont fait les délices de tous les citoyens, ils désirent qu'il soit célébré annuellement dans le chœur de la paroisse de l'hôtel de ville, le 16 novembre, jour de la naissance de S. A. S., une messe solennelle pour la conservation de ses jours précieux. »

Il y eut unanimité pour le vote de ce service annuel. Il fut décidé, en outre, que, pendant la messe, il sera tiré trois salves de canon ; la veille au soir, on en tirera une salve, et le maire, accompagné des échevins, devra se rendre avec eux sur la place pour une illumination qui devra y être faite ainsi qu'à la façade de l'hôtel de ville ; une salve de canon y sera aussi tirée. Tous les frais devront être réglés sur les revenus des biens patrimoniaux de la ville.

III. — Séjours du Duc de Penthièvre a Eu et ses Visites au Tréport

Le duc de Penthièvre affectionnait tout particulièrement son château d'Eu ; chaque année, pendant la belle saison, il y recevait une nombreuse et brillante société, qui donnait une grande animation à cette région normando-picarde, de si agréable aspect.

Pour s'attirer les bonnes grâces et les faveurs de leur seigneur, les maire et échevins d'Eu lui firent la demande du « don précieux » de son portrait, suivant les termes d'une délibération prise le dimanche 1er juin 1777. « Pour le placer dignement » dans la salle d'assemblée de l'hôtel de ville, on jugea « nécessaire de la faire lambrisser à hauteur d'appui et de la faire tapisser ». Une seconde délibération sur le même sujet était prise le dimanche 10 août suivant.

Le corps municipal d'Eu fit les frais d'une nouvelle réception solennelle au duc de Penthièvre, comme on le voit par une délibération en date du 6 juillet 1783. Cette réception officielle était motivée par l'arrivée du duc et de la duchesse de Chartres qui accompagnaient leur beau-père et père.

L'arrivée du prince et de sa suite avait été fixée au 26 juillet. L'échevinage délibéra d'emprunter de nouveau des canons à Saint-Valery-sur-Somme et de se pourvoir de tout ce qui sera nécessaire pour une illumination. Il fut aussi décidé de former une compagnie bourgeoise de 60 hommes sous le nom de *Volontaires de la garde de Mgr le duc de Penthièvre*, qui seront habillés en uniforme à leurs frais et dépens. On fera confectionner quatre habits de Londres écarlate pour les deux tambours et les deux fifres de la compagnie des volontaires avec les galons de la livrée de S. A. S. Après le départ du prince, ces quatre habits seront déposés à l'hôtel de ville, où on les gardera pour une autre circonstance semblable. Enfin, la municipalité d'Eu fit venir de Neufchâtel des fusils et des gibernes pour l'armement des volontaires.

D'après un état des journées de manœuvres occupés par le corps municipal à cette occasion, le duc de Penthièvre arriva exactement au jour dit, 26 juillet ; la princesse de Conty, le 28 suivant ; la duchesse de Chartres, le 6 août ; le duc de Chartres, le 10 août, et la princesse de Lamballe, le 11 août ; le vin de ville fut présenté à chacun de ces personnages. Le 19 août, le duc repartait d'Eu.

Le Tréport avait la seconde visite de M. de Penthièvre au mois de septembre 1777. Dès le mois de mai précédent, le receveur municipal avait réglé une dépense de 10 l.

8 s. 9 d. au sieur Plouard pour divers frais, notamment pour avoir fait mettre les armes du prince sur deux drapeaux de la milice bourgeoise.

Il fut dépensé une somme de 56 l. 6 s. à l'occasion de cette visite et pour la célébration d'une messe solennelle à l'église du Tréport le 16 novembre suivant, jour anniversaire de la naissance du prince. L'année précédente, la municipalité d'Eu avait institué un service de ce genre ; celle du Tréport avait voulu faire la même chose. Voici l'état de la dépense qu'elle fit à cette occasion :

Pour poudre à canon à MM. les maire et échevins d'Eu..........	13l	13s
Pour salpêtre chez M. Dubuc, apothicaire à Eu...............	1	10
A Guillain, voiturier à Eu, pour avoir apporté des arquebuses, etc.	3	
A Thomas Saint-Aubain pour les reporter à Eu...............	2	10
Pour la réjouissance du 6 janvier pour le pont...............	20	13
Plus pour poudre livrée par M. Rabion lors de la messe du prince le 16 novembre 1777.............	4	19
Pour 5 livres de poudre à canon à 1 l. 1 s. la livre...........	5	5
Apport et port des arquebuses à Eu par Jean Sire..............	1	4
A Cueu, canonnier, pour voyage à Eu et charroi..............	2	8
A reporter	55l	2s

Report....	55l 2s
A M. Thorel, pour chandelles pour l'illumination..............	12
Pour planches, clous, etc., à placer les chandelles............	12
TOTAL.....	56l 6s

On voit par cet état qu'une réjouissance eut lieu au Tréport pour le pont. En voici la raison, qui nous est fournie par le registre aux délibérations de l'échevinage.

Le 6 janvier 1778, le maire ayant convoqué les échevins pour une séance à l'hôtel de ville leur donna lecture d'une lettre du receveur des domaines de M. de Penthièvre, l'informant que le rétablissement du port du Tréport venait d'être ordonné au conseil du roi, et que les travaux commenceraient au printemps de cette année. Il ajoutait que le duc contribuerait aux frais de cette entreprise pour une somme importante ; en effet, nous savons par ailleurs qu'aux fonds accordés par le gouvernement, il ajouta une somme de deux cent mille livres.

En signe de reconnaissance et d'allégresse, l'assemblée tréportaise ordonna que des réjouissances publiques auraient lieu à bref délai. Une illumination fut ordonnée pour le soir du 12 janvier suivant avec décharge d'arquebuse ; le lendemain, une messe solennelle d'actions de grâces était célébrée en l'église du Tréport. Il fut enfin délibéré que l'on sollicitera du protecteur de la ville l'envoi de son portrait, qui sera placé à l'hôtel de ville.

A l'issue de la séance, le maire, M. Boucher, adressa au duc la lettre suivante :

« ...Nous nous flattons, Monseigneur, que les bienfaits du monarque, joints aux secours de Votre Altesse Sérénissime, vont faire renaître dans notre infortunée patrie, en rétablissant notre port, l'abondance et la félicité.

« Proportionnant, Monseigneur, les démonstrations de notre joie à la modicité de nos revenus, nous avons chanté, le jour des Rois, un *Te Deum* avec effusion de cœur, jour qui formera désormais une époque mémorable dans nos annales, et avons ordonné une illumination, symbole fidèle du feu dont brûlent tous nos cœurs.

« Le lendemain, une messe solennelle d'actions de grâces, se mêlant au bruit de notre faible artillerie, nous avons prié le Seigneur pour la conservation du Roi, de toute la famille royale et principalement du prince respectable à qui nous devrons notre bonheur... »

Dans cette même lettre, le maire faisait part à son noble correspondant du désir exprimé par l'assemblée de posséder son portrait à l'hôtel de ville, bien que celui-ci ne méritât point un « ornement aussi précieux » ; néanmoins, en faisant droit à ce vœu, il comblerait d'aise la population tout entière.

Le 15 janvier, le duc de Penthièvre répondait au maire et aux échevins du Tréport :

« Ce sera une véritable satisfaction pour moi, messieurs, si je peux mériter les remerciements que vous m'avez adressés. Il n'y a encore rien d'arrêté définitivement, mais je porte l'attention la plus particulière à l'objet qui vous intéresse. J'applaudis avec grand plaisir à l'amour que vous témoignez pour la personne du Roi, et je le partage de toute mon âme.

« Je vous enverrai mon portrait, puisqu'il peut vous être agréable. Je vous prie d'être persuadés, messieurs, de l'estime que j'ai pour vous.

« L.-J.-M. DE BOURBON. »

Dans son *Histoire des Comtes d'Eu*, p. 355 (Dieppe et Paris, 1828), L. Estancelin dit que toute l'attention du duc de Penthièvre se porta sur le port du Tréport. « Dégradé et presque entièrement bouché, ce port ne pouvait plus servir qu'à quelques barques de pêcheurs. Le duc de Penthièvre ne put voir sans attendrissement la misère où la population était réduite ; son œil exercé lui fait juger que la suppression de ce refuge est un grand malheur pour le commerce, dont les navires sont perdus sans ressource sur les bas-fonds de la Somme, si, dans une tempête, ils ont manqué l'entrée du port de Dieppe. Le souvenir de l'ancienne splendeur de ce port si important, si pratiqué aux douzième et treizième siècles, la vue de tant de braves marins qui, jadis, avaient honoré la nation, tout se présente à l'esprit du prince. Le projet de contribuer au rétablissement de ce port est aussitôt arrêté ; l'exécution suit de près. Un ingénieur distingué, Lamblardie, est chargé de construire une écluse de chasse (qui existe encore aujourd'hui), de rétablir ou de prolonger les jetées ; enfin, de tout faire pour changer en un état de prospérité l'état désastreux qui afflige l'âme du prince. »

Voulant donner toute satisfaction aux Tréportais, il fit pour eux ce qu'il avait déjà fait pour leurs voisins de la ville d'Eu ; il fit adresser son portrait sur toile à l'hôtel de ville. On trouve, collée sur le feuillet 8 du registre aux délibérations de l'échevinage du Tréport, une lettre du prince adressée à dom Cazé, prieur de l'abbaye du Tréport, ainsi conçue :

« Sceaux, 11 juin 1777.

« J'ai reçu, mon révérend Père, la lettre que vous m'avez écrite le 17 (*sic*) du courant. Je suis on ne peut plus sensible à ce que vous me marqués d'obligeant sur la réception de mon portrait. Je vous prie d'être bien persuadé, mon révérend Père, de toute l'estime que j'ai pour vous.

« L.-J.-M. DE BOURBON. »

Cette lettre doit avoir été écrite à la suite du don d'un portrait que le prince avait sans doute offert à l'abbaye du Tréport, à moins qu'elle ne soit relative à celui qu'il avait envoyé à l'hôtel de ville d'Eu sur la demande faite par l'échevinage de cette ville à la date du 1er juin 1777.

Quoi qu'il en soit, la peinture destinée à la maison de ville du Tréport ne lui parvint que beaucoup plus tard. En effet, c'est seulement le 11 décembre 1780 que nous relevons dans les comptes du receveur municipal la mention d'une dépense de 30 livres 16 sous « pour frais faits pour placer le tableau de son Altesse Sérénissime Mgr le duc de Penthièvre dans la première chambre à gauche à l'hôtel de ville. » Cette toile peinte, d'un certain mérite d'exécution, a été respectée par la Révolution ; plus heureux que les Eudois, les Tréportais ont su la garder jusqu'à ce jour ; elle n'a jamais quitté l'hôtel de ville ; elle se trouve actuellement au musée communal, établi dans l'une des salles de l'hôtel de ville.

Au mois de janvier 1779, M. de Penthièvre fit don à l'hôpital du Tréport de deux rentes de chacune 225 livres, produit d'un capital de 18.000 livres.

Comme les petits cadeaux entretiennent l'amitié, les maires et échevins tréportais envoyaient de temps à autre des huîtres au « bienfaiteur insigne » de leur ville. Nous relevons, à la date du 11 mars 1781, une dépense de 15 livres pour achat, affranchissement, acquit, etc., de deux paniers contenant ving-huit douzaines d'huîtres de Mesnival envoyées au duc de Penthièvre.

Ce prince revint au Tréport pour la dernière fois en 1785, ainsi qu'en fait foi la mention suivante, inscrite sur le registre aux délibérations de l'échevinage, fol. 8 :

« L'an mil sept cent quatre-vingt-cinq, le dix juin, son Altesse Sérénissime Monseigneur le duc de Penthièvre, comte d'Eu, grand amiral de France, a bien voulu honorer l'hôtel de ville de sa présence et recevoir avec bonté nos très sincères et très respectueux sentiments de reconnaissance pour tous les bienfaits dont Elle a daigné nous combler. Nous avons supplié son Altesse Sérénissime de nous accorder la continuation de sa protection. »

Au-dessous sont deux lignes autographes du prince signées de lui, qui marquent le souvenir de son passage ; les voici :

« Je désirerai tousjours beaucoup pouvoir ettre utile à la ville du Tréport.

« L.-J.-M. DE BOURBON. »

A la suite, on lit :

« Le 11 juin, S. A. S. m'a écrit de sa main pour me prier de lui apporter le présent registre quand j'irai la voir à la ville d'Eu. J'y suis allé le 12, et elle a corrigé elle-même l'écriture cy dessus en plusieurs endroits ; elle m'a répété plusieurs fois que, quoique cette écriture ne fût pas belle, elle n'en exprimait pas moins bien ses véritables sentiments. S. A. S. m'a dit encore bien des choses obligeantes dans l'entrevue de plus d'une demi-heure que j'ai eu seul à seul avec Elle. Le même jour, j'ay présenté à madame la duchesse de Chartres les hommages des habitants de Tréport, et cette princesse m'a remis une superbe pièce d'étoffe d'or pour faire des ornements à la paroisse.

« BOUCHER, *maire.* »

En prévision d'une nouvelle visite du duc de Penthièvre au Tréport lors de l'un de ses séjours à Eu pendant la bonne saison en 1786, la municipalité tréportaise fit payer le 28 août de cette année une somme de 27 l. 11 s. pour 24 livres de poudre achetée pour faire honneur au prince quand il reviendra au Tréport, mais on ne devait plus l'y revoir.

Quoique M. de Penthièvre se tînt alors plus éloigné que jamais des affaires publiques, il sut prévoir le mouvement social qui allait se produire. Il avait joui jusque-là d'une santé excellente, mais, vers la fin de l'année 1788, une altération se produisit, qui était causée par la tournure que prenaient les affaires publiques. « Le tableau de l'avenir, dit L. Estancelin, empoisonnait pour lui le présent ; privé de tout moyen de prévenir ou de réparer le mal, il chercha des consolations et des adoucissements à ses peines en faisant encore plus de bien. Jamais il ne voyagea davantage que dans cette première année de la Révolution. » Dans les premiers jours de septembre 1789, il quittait l'hôtel de Toulouse, à Paris, et prenait la direction d'Eu, qu'il avait jugé être l'abri le plus sûr en ce temps de grande fermentation ; il laissait sa fille au Palais-Royal, sa demeure habituelle, au milieu du foyer même des agitateurs, et sa belle-fille restait à Versailles ; le 2 septembre, il s'arrêtait à Aumale, où la princesse de Lamballe venait le rejoindre le jour même ; le lendemain, ils partaient ensemble pour la ville d'Eu ; il arriva pour présider la cérémonie solennelle du serment de la garde nationale, qui venait d'y être organisée et qui l'avait élu commandant en chef, titre qu'il accepta de grand cœur. Ecoutons à ce sujet le récit de l'un des témoins oculaires, Fortaire, son valet de chambre, qui a publié des *Mémoires pour servir à la vie du duc de Penthièvre :* « Toute la garde nationale de la ville d'Eu, écrit-il, dans la plus belle tenue, s'assembla dans la cour du château et sous les fenêtres de la grande galerie, où se trouvaient un grand nombre de dames qui accompagnaient la princesse de Lamballe. Toute cette troupe bourgeoise, dont la plupart des officiers étaient décorés de la croix de Saint-Louis, formait un demi-cercle en face de M. de Penthièvre, qui pouvait être vu et entendu de tout le monde. »

Un autre de ses panégyristes, M. de Lescure, écrit : « Ce dut être un étrange et émouvant spectacle que celui de ce prince issu, par la bâtardise, de Louis XIV, lavant cette tache originelle dans les bénédictions populaires, et essayant de faire à la monarchie menacée un rempart de cette vénération amassée par soixante années de bienfaits et de vertus Tous les yeux se mouillèrent de larmes, tous les cœurs battirent d'une émotion religieuse, tous les chapeaux voltigèrent en l'air, tous les mouchoirs s'agitèrent aux mains des femmes, attendries, quand le duc de Penthièvre, l'épée au côté, le chapeau à la main, éleva la voix, et, d'un ton majestueux, noble et touchant, dit avec assurance :

— « Français, la religion du serment est le lien le plus sacré et le plus indissoluble pour réunir les hommes en corps de nation ; des circonstances ont amené un renouvellement du pacte qui doit nous unir les uns aux autres et ne former qu'une seule et grande famille. Attachés à un monarque qui doit en être le seul et unique chef, et dont la personne a été déclarée inviolable, ainsi que la monarchie indivisible et héréditaire, nous allons jurer, en face du ciel et sur nos armes, d'être fidèles à la nation française, à la loi et au roi. »

Après ces paroles, le prince-citoyen se couvrit, tira son épée, en prit la pointe de la main gauche, l'éleva en la ployant et prononça la formule sacramentelle du serment, que toute l'assistance répéta en pleurant.

Quelques jours plus tard, le duc envoyait à la Monnaie, comme offrande patriotique, toute sa vaisselle d'or et d'argent, se contentant d'un simple service de faïence.

C'est peut-être sur ces légers détails que s'est appuyé Semichon, l'auteur de l'*Histoire d'Aumale*, pour avancer « que le duc de Penthièvre, loin de résister au mouvement qui entraînait la nation dans les innovations, s'y associait. » Dans son ouvrage *Madame de Lamballe*, M. H. Bertin reproduit une lettre du duc qui prouve le contraire. F. Clérembray, dans sa brochure *le Comté d'Eu au moment de la convocation des Etats généraux en 1789* (Paris, 1894) dit que « rien ne transpire de l'influence qu'il aurait pu vouloir exercer sur les résolutions des trois ordres du comté d'Eu à un moment quelconque de la période qui précéda l'élection des députés. » Selon le même auteur, si M. de Penthièvre se préoccupait des événements, il ne pouvait y prendre une part active parce qu'il se trouvait dans une position délicate. Dévoué au roi, il ne pouvait exercer aucune influence sur son gendre, le duc de Chartres, devenu duc d'Orléans après la mort de son père en 1785 ; il ne pouvait espérer modifier l'attitude franchement hostile de celui qui devait se faire appeler, quelques années plus tard, *Philippe-Egalité*.

Le duc de Penthièvre « exigea pendant son séjour au château d'Eu, dit L. Estancelin, que chacun oubliât, comme lui, les anciennes qualifications et les devoirs seigneuriaux abrogés par les lois... Aussitôt qu'il eut connaissance du décret du 18 septembre, il s'empressa de faire un don patriotique du quart de tous ses revenus. »

Le récit des événements des journées des 5 et 6 octobre 1789, cette première attaque à main armée contre la royauté, fut apporté aux hôtes du château d'Eu dans la soirée du 7 octobre par un courrier qui arriva exténué de fatigue et de besoin. A cette nouvelle qui les plongea dans la consternation, la princeesse de Lamballe s'écria :

— Ah! mon papa, quel horrible événement ! Il faut que je parte sur-le-champ.

A minuit, elle quittait le château d'Eu et passait par Abbeville pour se rendre à Paris, aux Tuileries, où se trouvait la famille royale. Le surlendemain, son beau-père arrivait lui-même à Paris, où il demeura jusqu'au 19, visitant chaque jour le roi et sa famille.

Au mois d'avril 1790, le duc se retrouvait au château d'Eu avec sa fille et sa belle-fille, la duchesse d'Orléans et la princesse de Lamballe ; les officiers municipaux chargèrent une femme Barbier de confectionner trois cocardes tricolores à trois livres l'une, qui furent présentées par le maire, le 12 avril, au duc de Penthièvre et aux deux princesses. (*Arch. mun. d'Eu.*)

A cette époque troublée, le prince était en continuel déplacement. Après un séjour en Touraine, il revenait à Eu dans les premiers jours du mois de décembre 1790 ; sa fille venait le rejoindre le 10 février suivant et ne devait plus le quitter jusqu'à sa mort; le duc de Chartres et le duc de Montpensier, fils du duc d'Orléans, vinrent retrouver à Eu leur aïeul et leur mère. « La tranquillité dont il jouissait à Eu, dit L. Estancelin, les témoignages de dévouement qu'il recevait des habitants, donnaient au prince lieu de s'applaudir du choix qu'il avait fait de cette résidence. »

D. Le Beuf rapporte que, pendant son séjour au château d'Eu en 1790, le duc de Penthièvre descendit un jour à la porte de l'hôtel de ville ; « l'assemblée va à sa rencontre, l'introduit, l'assure du respect que la ville d'Eu ne cessera de lui témoigner tant qu'il lui plaira d'y séjourner, et elle le reconduit à son carrosse. »

Dans le courant du mois de juin, le prince se rendit à Aumale avec sa fille dans le but d'y demeurer jusqu'à la fin du mois ; il descendit chez le bailli. Le 21, à six heures du soir, au moment où le duc revenait de faire ses dévotions à une chapelle, une voiture de poste s'arrêtait devant la porte de la maison du bailli ; Mme de Lamballe en descendit précipitamment et, entraînant son beau-père et sa belle-sœur dans une pièce voisine de celle où ils se trouvaient, elle leur annonça que le roi et la famille royale avaient fui Paris et qu'elle allait elle-même s'embarquer pour l'Angleterre ; elle remonta aussitôt dans sa chaise de poste, qui prit la route d'Abbeville pour gagner Boulogne-sur-Mer.

Le prince prévint tout de suite son écuyer et son contrôleur qu'il retournerait à Eu le lendemain. Là, on apprit, dans l'après-midi du lendemain, qu'un courrier du district de Dieppe avait été envoyé aux autorités de la ville d'Eu pour les informer du départ clandestin de la famille royale et pour les inviter à s'opposer à la fuite du duc de Penthièvre.

Le 22 juin, à dix heures du soir, le prince et sa fille se mettaient à table au château d'Eu, quand le maire de cette ville et le procureur, revêtus de leur écharpe, pénétrèrent dans la salle à manger, tous deux interloqués et l'air tout contrit.

— Approchez, monsieur le maire, approchez, je vous en prie, dit M. de Penthièvre ; je suis résigné à tout ce qu'il plaît à Dieu d'ordonner. Parlez ; qu'avez-vous à m'annoncer ?

— Monseigneur, la plus affligeante nouvelle ; le roi a quitté Paris, et cette capitale est dans la consternation. Le district de Dieppe, par ordre du département de la Seine-Inférieure, nous ordonne de rendre à Vos Altesses tous les honneurs et les égards qui leur sont dus, et de nous charger de la conservation de leurs personnes.

— Eh bien, monsieur le maire, nous devons, ma fille et moi, nous en féliciter ; nous ne pouvons être en de meilleures mains. Il est juste, en pareilles circonstances, de maintenir le plus grand ordre. Maintenant, messieurs, que vous avez rempli votre commission, vous allez, s'il vous plait, vous mettre à table avec nous.

— Non, monseigneur.

— Je vous en prie, messieurs, faites-moi cette amitié.

— Monseigneur, notre devoir nous a été

trop pénible envers Vos Altesses ; nous allons retourner à la maison commune pour y mettre ordre à tout.

Le maire, qui était Pierre-Jean-Roger de Monceaux, ancien officier d'infanterie et chevalier de Saint-Louis, et le procureur de la commune, nommé Leseigneur, se retirèrent sur ces mots. Aussitôt après leur départ du château, le commandant en second de la garde nationale arrivait dans la salle à manger pour les remplacer.

— Mon cher commandant, lui dit avec bonté le duc de Penthièvre, vous venez me garder ?

— Pardonnez-moi, Monseigneur, lui répondit spirituellement l'interpellé, dans la circonstance actuelle, je viens me ranger auprès de mon commandant en chef.

— Ah ! vous êtes bien honnête, répliqua le prince avec un doux sourire, mais je n'en suis pas moins votre prisonnier. Je me flatte que vous me connaissez assez pour ne pas craindre que je m'échappe.

— Monseigneur, les bontés et l'amitié que Votre Altesse a toujours témoignées aux habitants de la ville d'Eu nous sont le plus sûr garant que, dans cette fâcheuse occurrence, vous ne l'abandonnerez point.

Pendant dix-neuf jours, le prince et sa fille demeurèrent consignés au château d'Eu ; le 18 juillet 1791, il leur fut notifié qu'il leur était permis « de quitter la ville d'Eu quand ils le jugeraient à propos, d'aller où ils voudraient dans leurs terres, et même de rentrer dans l'intérieur. »

Dès le jour même, M. de Penthièvre, qui refusa toujours d'émigrer, quitta le château d'Eu, où il ne revint plus ; il se rendit avec la duchesse d'Orléans au château de M. Hue de Miromesnil, ancien garde des sceaux ; il en repartait quelques mois plus tard pour se retirer au château de Radepont, chez un autre de ses amis, et s'installait au château d'Anet (Eure-et-Loir), le 17 octobre, pour y passer l'hiver avec sa fille ; il s'y trouvait encore au mois de mai 1792 Il se retira ensuite avec la duchesse d'Orléans au château de Bizy, aujourd'hui faubourg de Vernon (Eure) ; c'est là qu'il reçut la nouvelle de ce qui s'était passé pendant la journée du 10 août ; le 3 septembre, il y était informé de la fin horrible de la princesse de Lamballe, sa belle-fille. Une nouvelle épreuve lui était ménagée : la mort du roi, le 21 janvier 1793. A dater de ce jour, la vie du duc de Penthièvre ne fut plus qu'une lamentable agonie ; il mourut le 4 mars suivant, au château de Bizy.

La nouvelle de la mort du duc de Penthièvre arriva tardivement à la municipalité du Tréport. A cette époque agitée de la tourmente révolutionnaire, le conseil municipal tréportais se réunit clandestinement le 24 mars pour prendre une délibération *verbale*, dont nous ignorons aujourd'hui les termes ; il acquittait ainsi ses devoirs de reconnaissance envers la mémoire de son généreux bienfaiteur, sans s'exposer à encourir le châtiment des gouvernants, qui ne se serait point fait attendre.

Nous eussions été surpris cependant que le registre aux délibérations du conseil municipal fût resté muet sur la mort du philanthrope qui avait tout fait pour la prospérité de la population tirée par lui de la plus profonde misère. On trouve, en effet, entre deux délibérations, la discrète mention suivante :

« Cejourd'huy vingt-six mars mil sept cent quatre-vingt-treize, l'an deuxième de la République française, en conséquence d'une délibération prise *verbalement* en l'assemblée du vingt-quatre courant, il a été célébré un service solemnel pour le repos de l'âme du citoyen L.-J.-M. de Bourdon (*sic*), bienfaiteur insigne de cette commune. Et les maire et officiers municipaux et notables soussignés qui y ont assisté ont dressé le présent procès-verbal, et ont authorisé le citoyen Charles Boucher, maire, à payer les frais du présent service. »

Signé : « BOUCHER, maire, BERRIER, LEPRÊTRE, ORMIÈRES, CASTELOT, LAMEILLE, prêtre. »

Le nom du « bienfaiteur insigne » du Tréport fut longtemps en grande vénération dans cette brave population de marins, et l'une des principales voies qui avoisinent aujourd'hui la plage porte le nom de RUE DU DUC DE PENTHIÈVRE.

Ce personnage, qui attend toujours son

biographe, a été l'objet de plusieurs panégyriques d'où la critique a été exclue ; l'écrivain qui entreprendrait cette œuvre se ferait certainement honneur en retraçant la vie si bien remplie de cet homme de bien.

Voici la liste des principaux ouvrages qui lui ont été consacrés ou dans lesquels il est abondamment parlé de lui :

Mme Guénard, *Vie du duc de Penthièvre*. Paris, 1803, 2 vol. in-12. (Mme Guérard, baronne de Méré a publié sous ce titre une sorte de roman historique, qu'il convient de contrôler.)

Fortaire, *Mémoires pour servir à la vie et à l'histoire du duc de Penthièvre*. Paris, 1808, in-12. (L'auteur, valet de chambre du duc, assistait avec lui à la bataille de Fontenoy.)

Honoré Bonhomme, *Le duc de Penthièvre*. Paris, 1869. In-12.

Abbé Carron, *Vies des justes dans les plus hauts rangs de la société*. Paris, 1817. 4 vol. in-12.

Abbé Lambert, *Mémoires de famille, historiques, littéraires et religieux*, Paris, 1822. In-8°.

L. Estancelin, *Histoire des comtes d'Eu*, Dieppe et Paris, 1828. In-8°.

Léon Gozlan, *Châteaux de France*. Paris, 1856, 2 vol. in-12.

De Lescure, *La Princesse de Lamballe*. Paris, 1864. In-8°.

Georges Bertin, *La Princesse de Lamballe*. Paris, 1888. In-8°.

Dans son ouvrage *Le Château d'Eu*, t. V. pp. 144-145 (Paris, 1836, 5 vol. in-8°), J. Vatout cite sept portraits du duc de Penthièvre, peints à l'huile, conservés au château de la ville. Le graveur abbevillois Daullé a reproduit en gravure l'un de ces portraits.

IV. — Les petites écoles du Tréport au XVIIIe siècle

Au dix-huitième siècle, l'enseignement primaire *était donné* au Tréport par des prêtres habitués ou par de jeunes ecclésiastiques reçus diacres.

De 1742 à 1760, les maîtres d'école, qui se succédèrent à d'assez courts intervalles, furent les prêtres habitués suivants : Lefebvre, Simon, Liesse, Dubuc. Leurs gages, qui étaient de 12 livres par an jusqu'en 1745, furent portés à cette époque à 40 livres.

Le 6 décembre 1761, Nicolas Haillet, « clerc dans les ordres mineurs », ou acolyte, habitué depuis un an en l'église du Tréport, fut reçu maître d'école aux appointements annuels de 40 livres ; il ne devait exercer cette profession que pendant trois ans.

Le 7 septembre 1764, les maire, échevins et principaux habitants, convoqués selon la manière accoutumée par le son du tambour et celui de la grosse cloche de l'église paroissiale, se réunissaient en assemblée à l'hôtel de ville pour la désignation d'un maître des petites écoles en remplacement de Nicolas Haillet, qui avait quitté le Tréport.

Jean Capron, procureur syndic de la commune, proposa pour remplir ces fonctions Nicolas Triquart, clerc du diocèse de Coutances, habitué depuis six semaines en l'église du Tréport. Cette proposition ayant été acceptée par l'assemblée, le sieur Triquart fut reçu maître des petites écoles aux appointements ordinaires de 40 livres par an, payables en deux termes égaux, mais à la charge de fournir à son compte une salle de classe. Son école devait être ouverte tous les jours de 9 heures du matin à 11 heures et demie, et de 2 heures à 4 heures l'après-midi ; chaque classe devait finir par la prière. Il prenait l'engagement d'enseigner gratuitement douze pauvres garçons désignés par les officiers municipaux ; la gratuité n'était due qu'aux écoliers à l'alphabet et aux prières. Le maître des petites écoles était autorisé à percevoir sur les « autres écoliers le salaire qu'une louable coutume permet d'exiger par chaque mois ce que nous avons fixé pour chacun des écoliers », savoir : 3 sous pour ceux qui commencent à lire, 6 sous pour ceux qui écrivent, 8 sous pour ceux qui apprennent l'arithmétique et 10 sous pour ceux qui apprennent le latin.

Le 23 février 1772, maître Jean-Nicolas Bellengreville, diacre d'office à la paroisse du Tréport, fils du receveur de la ville, fut reçu maître des petites écoles en remplacement de Triquart, qui quittait le Tréport. « Eu égard à la cherté des denrées », le nouveau titulaire toucha un traitement de 50 livres au lieu de 40, comme précédemment. Les classes, ouvertes tous les jours, commençaient à 9 heures du matin et à 2 heures de l'après-midi ; elles fermaient à 11 heures et demie et à 4 heures.

Moins de deux ans plus tard, le sieur Bellengreville cessait ses fonctions. En effet, dans une séance de l'échevinage tenue le 4 septembre 1774, l'assemblée se montra émue de ce que la ville était privée depuis longtemps d'un bon maître d'école parce que les émoluments étaient insuffisants. Le vœu de la population était d'avoir un clerc laïc ou magister. On proposa à la séance de l'échevinage de faire un traitement de 350 livres au maître d'école en levant sur les habitants une somme de 180 livres.

Cette proposition ne reçut point une exécution immédiate, puisque, en 1779, les émoluments de ce fonctionnaire se décomposaient ainsi :

Traitement de la ville pour l'enseignement de 12 enfants pauvres........	50 l
Remontage de l'horloge.........	25
Allocation de la fabrique........	58
— des confréries et casuel.	68
Mois des écoliers de 5 s. à 8 s....	120
TOTAL.........	321 l

La ville fournissait en outre au magister un logement et une salle de classe.

Par délibération de l'échevinage du 20 août 1775, l'emploi de receveur de la ville fut supprimé ; on chargea le maire de remplir ces fonctions ; il offrit de remettre au clerc les 50 livres qui étaient allouées au receveur, mais cette proposition demeura sans effet ; on se borna seulement à porter de 20 livres à 25 livres le traitement affecté au remontage de l'horloge.

Par délibération de l'échevinage du 15 octobre 1774, Jean-Baptiste Le Fay, de Grèges, près de Dieppe, avait été reçu magister en remplacement du sieur Bellengreville.

Quatre ans plus tard, en 1779, Le Fay était remplacé par le sieur Hettier.

Louis-Nicolas Depoilly succédait au précédent comme maître des petites écoles le 20 octobre 1781. Suivant délibération du 30 décembre suivant, il fut décidé par l'échevinage que, comme ses prédécesseurs, il recevra de la ville 50 livres par an pour l'instruction gratuite de douze enfants pauvres à la nomination du maire et des échevins, 25 livres pour conduire l'horloge, et, en conformité d'une précédente délibération du 1er avril 1781, il lui sera donné la chambre d'assemblée actuelle pour lui servir de classe après la reconstruction de l'hôtel de ville avec un galetas au-dessus pour son logement personnel. De son côté, il devra s'engager à tenir l'école ouverte chaque jour de de 9 heures du matin à 1 heure et demie et de 2 heures à 4 heures et demie. Les jours de congé seront, en été, le mercredi en entier et l'après-midi du samedi ; en hiver, l'après-midi du mercredi et du samedi. Il percevra sur les écoliers qui commencent à lire 5 sous par mois ; sur ceux qui lisent au psautier, 6 sous ; sur ceux qui lisent au psautier et au français, 8 sous ; sur ceux qui écrivent, 10 sous ; sur ceux qui apprennent en outre l'arithmétique, 12 sous.

Au mois d'avril 1783, Depoilly est remplacé comme maître des petites écoles par le sieur Malo. Dans une délibération de l'échevinage du 20 mai 1784, il est rappelé que, le 1er avril 1781, l'assemblée communale avait approuvé le projet de construction de l'ancienne chambre de l'hôtel de ville, en vue de procurer un logement au maître des petites écoles ; il est aussi rappelé que, le 30 décembre de la même année, on avait accordé au magister l'ancienne chambre d'assemblée comme salle de classe et l'un des deux galetas situés au-dessus des chambres comme logement particulier. Mais, en attendant la réception des travaux exécutés au nouvel hôtel de ville, on le logea dans une maison située près de l'église ; l'assemblée, jugeant que ce logement était beaucoup plus commode pour tous à tous les points de vue, décida d'y laisser le maître d'école et ses écoliers et de louer les chambres de l'hôtel de ville qui leur avaient été accordées auparavant ; le prix de cette location servirait à payer le loyer de la maison qu'il convenait de donner au maître des petites écoles.

Le sieur Malo ayant quitté le Tréport aux vacances de 1786, l'échevinage se réunit le 8 août et prit une délibération pour procurer à la ville un bon maître d'école. On décida d'augmenter de 50 livres le traitement que lui faisait la ville pour l'instruction de douze enfants pauvres; on ajouta encore une somme de 25 livres prise sur le traitement de 50 livres qui était fait au receveur municipal, dont les fonctions furent remplies ensuite par le maire. Le tarif des mois d'écolage fut revisé, et le nouveau maître d'école était autorisé à percevoir mensuellement 6 sous de ceux qui apprenaient leurs prières et l'alphabet, 8 sous de ceux qui lisaient au psautier, 10 sous de ceux qui lisaient au psautier et au français, 15 sous de ceux qui apprenaient à écrire et 24 sous de ceux qui apprenaient l'arithmétique. L'échevinage chargea le maire et le curé de faire annoncer la place et de procurer à la ville un bon maître d'école.

Le sieur Jamet s'étant présenté pour remplir ces fonctions fut reçu au mois d'octobre 1786. L'année suivante, sa classe était fréquentée par 236 élèves.

Jamet ne resta que deux ans; il fut remplacé par le sieur Ossan le 1er octobre 1788.

V. — Restauration de l'hotel de ville du Tréport (1781-1782)

Dans une séance de l'échevinage tenue le 1er avril 1781, l'assemblée communale du Tréport, justement émue du mauvais état de l'hôtel de ville, qui menaçait ruine, s'occupa des mesures à prendre dans le plus bref délai afin d'éviter une plus grosse dépense et peut-être des accidents.

Une délibération fut prise, portant que des travaux très importants de consolidation seront entrepris sans retard ; en outre, il fut décidé qu'une nouvelle construction sera élevée qui servira de salle de réunion pour les échevins et les notables de la ville, et que la salle d'assemblée qui avait servi jusqu'à ce jour sera affectée au magister pour la tenue de ses écoles et pour s'y loger lui-même.

Un devis fut établi, qui nous donne la nature et l'importance des travaux à exécuter.

« Bâtiment de 40 pieds 9 pouces de long sur 17 pieds de large, servant d'hôtel de ville et de logement pour le maître d'école et les écoliers. Dans la cour sera construite la salle des séances du maire et des échevins, qui aura 19 pieds 6 pouces de long sur 14 pieds 3 pouces de large ; la salle de classe aura 17 pieds 6 pouces de long sur 14 pieds 3 pouces de large. Il sera fait une partie de voûte de 16 pieds de long sur 12 pieds de pourtour en briques provenant des anciens matériaux ; on devra y ménager un petit caveau pour y déposer les papiers. »

La dépense prévue pour ces travaux se décomposait ainsi :

Maçonnerie	1.076l	6s	8d
Charpente	729	10	9
Plafond	139	12	6
Couverture en tuiles	748	11	»»
Menuiserie	406	10	»»
TOTAL	3.100l	10s	11d

L'adjudication eut lieu le 15 juin 1781. Les sieurs Félix Caron et Brasseur, associés, furent déclarés adjudicataires sur un rabais de 6 l. 45 pour cent pour la somme de 2.900 livres.

D'après le cahier des charges, les travaux seraient commencés en mars 1782 et devraient être terminés en septembre de la même année. La ville s'engageait à payer un tiers du montant de l'adjudication lorsque le bâtiment serait couvert; le second tiers, après l'achèvement des travaux, et le dernier tiers, un an plus tard.

Les travaux subirent un retard considérable, puisque la ville versa le premier tiers, soit 966 l. 13 s. 4 d., seulement le 16 décembre 1782 ; le second tiers, le 29 juin 1784, et le dernier tiers plus 498 livres pour augmentation d'ouvrages non compris au devis, le 15 octobre 1785.

Les travaux furent livrés par les entrepreneurs avec un retard de dix-huit mois. Comme la ville s'était engagée à loger le maître d'école à l'hôtel de ville, l'échevinage dut louer une maison en ville pour le logement du magister et pour la salle d'école ; la municipalité fit acquitter le montant de cette location par les peu exacts entrepreneurs.

VI. — La première pompe a incendie du Tréport

C'est à la suite d'un incendie considérable qui avait éclaté le 30 novembre 1787 que la municipalité du Tréport fit l'acquisition de sa première pompe à incendie. Le registre aux délibérations de l'échevinage contient sur ce désastre d'abondants détails que nous allons analyser.

Le 16 décembre 1787, le maire et les échevins tinrent une séance à l'hôtel de ville. Le sieur Jean-Baptiste Boucher fils, procureur syndic de la commune et clerc juré de la vicomté de la mer, prenant la parole, rappela que, le 30 novembre précédent, un incendie avait éclaté rue Suzanne vers cinq heures du soir. Un vent assez fort favorisa les progrès du feu, qui prit de grandes proportions. Cinq maisons furent embrasées, et, à un moment, les flammes gagnèrent des habitations situées en face de celles qui brûlaient. Pendant un instant, une panique s'empara de toute l'assistance, qui craignit que le fléau, passant par la fausse porte, ne s'attaquât à l'hôpital. Mais, vers sept heures du soir, le vent perdit de son intensité. Sans cette circonstance, toutes les maisons de la rue Suzanne et celles de la rue aux Vaches auraient été la proie des flammes, parce que la plupart d'entre elles étaient couvertes en chaume.

Dès qu'ils furent prévenus du sinistre, le maire et les échevins d'Eu s'empressèrent d'envoyer sur les lieux deux pompes à incendie et des paniers à feu ; c'est grâce à ce prompt secours, et « au jeu de ces machines utiles » que l'on parvint à enrayer les progrès de l'incendie et à l'éteindre complètement.

Toute la population tréportaise, qui se trouvait là pour secourir les sinistrés, se montra émerveillée des habiles manœuvres des pompiers d'Eu ; il n'y eut qu'une voix dans le public pour réclamer l'acquisition prochaine d'appareils semblables par la commune du Tréport.

Après cet exposé du procureur syndic, l'assemblée entra en délibération. Il y eut unanimité pour reconnaître l'urgence de pompes à incendie ; aussi fut-il décidé sans opposition : 1° qu'on en achèterait trois à Rouen, deux grosses et une petite, dont le prix total serait de 2.800 livres ; 2° que la ville, ne disposant alors d'aucune ressource, on frapperait d'une imposition les propriétés bâties.

Avant le vote, le sieur Charles Boucher, maire, avait mis sous les yeux de ses collègues un état des finances de la ville ; la caisse municipale était alors complètement à sec ; il fit ressortir la nécessité qui s'imposait aux particuliers de venir en aide à l'hôtel de ville en ce moment pressant. Le maire proposa d'établir un impôt sur toutes les propriétés, maisons, granges et autres bâtiments jusqu'à concurrence de la moitié de la somme nécessaire pour l'achat des trois pompes à incendie; l'autre moitié serait à la charge de la commune.

Dans la même séance, l'assemblée vota aussi l'achat d'une soixantaine de paniers à incendie.

Le maire fut prié d'envoyer copie de la délibération de ce jour, 16 décembre 1787, à l'intendant de Normandie, pour solliciter l'autorisation d'une imposition de 1400 livres sur toutes les propriétés bâties du Tréport, et aussi d'autoriser l'hôtel de ville à contracter avec un fabricant de pompes un marché pour le paiement de l'autre moitié dans un délai de quatre ans.

La délibération de l'échevinage du Tréport fut soumise au conseil d'État, qui rendit un arrêt conforme à la date du 1er mars 1788, dans lequel on lit :

« Ordonne Sa Majesté que la somme de 1400 livres, formant moitié de celle à laquelle est évalué le prix de l'acquisition des trois pompes dont il s'agit, sera imposée en ladite année, avec les dix deniers en sus pour frais de rôles et de collecte sur tous propriétaires des navires, rentes foncières, droits réels et autres, biens et héritages, situés dans l'étendue de ladite ville du Tréport, exempts et non exempts, privilégiés et non privilégiés, à proportion au marc la livre de ce que chacun d'eux possède, suivant le rôle particulier qui sera fait par des collecteurs choisis par lesdits maire, échevins et possédant fonds, sinon soumis d'office par le sous-intendant et sous-commissaire à la généralité de Rouen, qui vérifiera ledit rôle et le rendra exécutoire et le double sera déposé au greffe de la subdélégation d'Eu. Veut Sa Majesté que les deniers provenant de ladite imposition soient employés, sans aucun avertissement, sur les ordres dudit sous-commissaire départi au paiement de ladite somme de 1400 livres destinée à la contribution de l'acquisition desdites pompes. »

Le 2 mai suivant, une somme de 144 l. 11 s. était payée à un vannier d'Abbeville pour la livraison faite par lui de 80 paniers — au lieu de 60 — à raison de 24 sous pièce, et le raccommodage de vieux paniers.

Le 7 août 1788, l'échevinage étant réuni à l'hôtel de ville délibéra sur l'arrêt du conseil d'Etat du 1er mars précédent. Il fut statué que la somme de 1400 livres faisant la moitié de celle qui était nécessaire pour l'achat des trois pompes à incendie serait imposée sur tous les propriétaires des maisons, rentes foncières, droits réels et autres biens et héritages. Il fut aussi décidé, dans la même séance, qu'on n'achètera qu'une pompe pour commencer.

Par une autre délibération de l'échevinage du 12 octobre suivant, il fut convenu que le prix de la pompe sera de 900 livres et qu'elle sera achetée soit à Rouen soit à Abbeville, suivant que cela « se trouvera plus avantageux au bien public ».

C'est à Abbeville qu'il y eut plus d'avantage à faire cette acquisition, puisque ce fut le sieur Josse Picot, mécanicien en cette ville, qui fournit la pompe à incendie du Tréport, moyennant la somme de 900 livres, dont un tiers comptant et les deux autres tiers de dix mois en dix mois; le versement du premier tiers se fit le 24 juin 1789. Le fabricant délivra un billet de garantie pour une durée de dix ans.

Le sieur Picot, qui avait ses ateliers rue Pados, à Abbeville, inventa quelques années plus tard une pompe économique pour les incendies et l'arrosement des jardins; elle était de petites dimensions, ne pesait que 40 livres, et un seul homme pouvait la manœuvrer ; on pouvait réunir dans un seul tuyau le jet de plusieurs pompes et arriver ainsi à combattre un incendie d'une certaine importance. Le prix d'une pompe était de 24 francs et de 27 francs avec cinq pieds de tuyaux de cuir; quatre pompes dont les jets pouvaient être réunis étaient vendues 100 francs.

Le 17 novembre 1789, le maire du Tréport faisait remettre une somme de 30 livres au sieur Dergny, maître pompier au Palais-Royal, à Paris, pour l'achat à lui fait de trois petites pompes à main.

Table des Matières